大夏书系 — 吴正宪教育教学文丛

吴正宪课堂教学策略

吴正宪 周卫红 陈凤伟 编著

第2版

华东师范大学出版社
·上海·

吴正宪教育教学文丛

丛书编委　吴正宪　王彦伟　陈凤伟　张秋爽　周卫红
　　　　　　范存丽　武维民　贾福录　韩玉娟

本册编委（按姓氏笔画排序）
　　　　　　丁雁玲　王　敏　王　薏　王丽华　王彦伟
　　　　　　刘延革　刘克臣　孙海燕　李兰瑛　杨新荣
　　　　　　宋燕晖　张　永　张　岭　张秋爽　张鹏宇
　　　　　　陈凤伟　武维民　周卫红　郑卫红　赵　震
　　　　　　赵彦静　高冬梅　高雪艳　韩玉娟　韩巧玲
　　　　　　程爱新

总　序

由华东师范大学出版社2012年出版的"吴正宪教育教学文丛"，受到广大一线数学教师的喜爱。正逢丛书走过第十个年头的今天，迎来了《义务教育数学课程标准（2022年版）》的颁布。借此时机，我们再学习、再实践、再反思……

十年来，我和老师们一起耕耘在三尺讲台，一边学习，一边实践，一边研究。我们不断践行并丰富了儿童数学教育思想，向"专业地读懂教材，智慧地读懂课堂，用心地读懂儿童"迈进了一步，获得了一些教育感悟，积累了一些教学经验，为今天的再版修订提供了基础。

这十年，儿童数学教育理论及儿童数学教育价值观的体系建设成为我们专业发展上的一个重要里程碑。我们更加深刻而坚定地认识到数学教育首先要关注儿童的需求，遵循儿童的认知规律开展学习活动。教师要想方设法调动儿童自主学习的兴趣和积极性，努力发展核心素养，落实教育目标。我们站在儿童的视角从核心问题入手，围绕关键能力的培育设计有价值的学习任务，开发儿童潜能，启迪儿童智慧，建立儿童自信，关注儿童人格健全发展，落实五育并举、立德树人，承担起为党育人、为国育才的重任。

这十年，我们有幸参与了教育部课程中心领衔的"深度学习项目"研究实践；有幸参与了《义务教育数学课程标准（2022年版）》的修订和解读研究；有幸走近大学的数学教育专家，与数学家面对面地对话研讨，让我们对数学的本质有了更加深刻的认识，对"确立核心素养导向的课程目标"，强调课程内容的组织"重点是对内容进行结构化整合，探索发展学生核心素养的路径"有了全新的感悟和理解。我们站在内容结构的整体视角，开展主题教学，对什么是"好课堂"有了一些新思考，积累了一些新案例，提炼了一些新策略，愿意和读者一起分享研究。

回望走过的十年，伴随着国家教育改革发展的脚步，我们一起成长。我带领团队成员践行从"数学教学"走向"数学教育"的育人目标；坚守"好吃又有营养"的儿童数学教育主张；努力建好数学学习的"承重墙"，打通"隔断墙"；提炼升华儿童数学教学策略；丰富完善儿童数学教育的理论体系和实践体系。

十年后的今天，这套丛书修订再版，这是一次很好的再反思、再总结、再提升的重要机会。我们特别愿意再一次与教育同行们共同思考儿童数学教育的意义，深入追问儿童数学教育的价值。我们愿意将多年来对儿童数学教育的感受、理解与实践，特别是把十年来我们对儿童数学教育的新探索、新思考、新实践，与教师朋友们分享，希望能带来一些新的启迪与思考。我们愿意和大家一起继续为高质量的儿童数学教育努力。祝愿所有的小学数学教师能在工作中享受到儿童数学教育带来的幸福和快乐，实现教学相长的自我超越！丛书的再版，武维民和张利爽做了大量的工作，从案例替换到策略调整，凸显了新课程理念的落实。感谢在丛书再版过程中团队成员智慧的付出。

北京教育科学研究院　吴正宪

2022年8月

前　言

　　2011年4月，中国教育学会小学数学教学专业委员会举办的第十届全国深化小学数学教学改革观摩交流会在美丽的厦门如期举行。代表北京参加比赛的是大兴区的孙贵和老师，一个来自农村学校的小伙子。孙贵和老师刚讲完《三角形三边关系》一课，会场上就响起了热烈的掌声。与会教师由衷地感叹："北京的课就是与众不同，朴素、自然、大气！""从这节课的很多地方都可以看出吴老师的影子！""不光孙老师，似乎吴正宪团队的团员们在与学生交流对话的过程中，都有一个共同的影子……""曾获得全国一等奖的团员赵震、于萍的课也不同凡响，不光是设计精彩，他们还特别关注学生、关注生成、关注学生的错误，他们的课是动态的，是鲜活的！"……会场上的阵阵掌声，老师们的由衷赞叹，都触发了我的思考：这个"影子"到底是什么？

　　在一次又一次的"同课异构""双师同堂"等丰富多彩的教研活动中，团员们总在寻求那个神秘的"影子"。大家在鲜活的课例中不断挖掘课堂教学背后的理念，寻找课堂教学策略。团员们用心写出《创设认知冲突的策略》《课堂机敏应变的策略》《设计课堂练习的策略》《利用错误资源的策略》等文章。诚然，这些文章还显得有些稚嫩，但这都是团员们在真实的课堂教学实践中不断加工、提升、总结得出的成果。团员们不断总结课堂教学的经验，寻求教育教学规律，在真实的教学经历中进一步反思、提升。团员们不断挖掘一招一式背后蕴含的深刻道理，努力完成从学习教学技术到领悟教学规律的升华，真正提高自身的执教能力。

"吴正宪小学数学教师工作站——昌平园"组织的研讨活动"小学数学课堂教学策略研究"的研修令我难忘。此次活动以"同课异构"的形式进行，由团员禹芳和我分别上了一节《数的整除》复习课，会后团员们就这两节课进行研讨和交流时，不但总结出"创设认知冲突的策略""运用有效评价的策略""利用错误资源的策略"等，还认识到，精彩的课堂源于对数学本质的理解和对学生心理认知的准确把握。

刘艳惠老师和我的对话至今还萦绕在耳边。刘老师是我所借用班级的数学老师。她这样描述自己的感受：

> 当时您用我们班上课，我既感到兴奋和自豪，又有隐隐的担心——万一学生答不上来，您的教学进行不下去怎么办？为了不让自己的学生在这么多人面前出丑，我在安排学生位置时耍了一点小聪明，将几个学习不好的学生安排在不起眼的位置。然而，没想到的是，您在课上一直在寻找今天还没有发过言的学生。在学生进行小组内交流时，您将我"藏"在角落里的两位同学请到了讲台上。这"哼哈二将"一上台就引起了全场的笑声。可是，令我没想到的是，在您的引导和帮助下，他们的回答得到了全班同学的喝彩。我清晰地记得其中一位同学在日记中写道："开始我不敢举手，十分紧张，后来在吴老师的鼓励下，我战胜了恐惧，大胆地发言，我不再像个木头……"一句"我不再像个木头"，深深地刺痛了我，引起了我的反思……

让我感到非常欣慰的是，团员们在聆听学生真实的情感体验的过程中感悟到，任何人在成长的过程中都有一种"被认可"的需要，怎样才能让学生感到自己获得了老师的认可，老师在学生需要的时候该怎样做，引起了团员们的反思……他们没有简单学习我的一招一式，而是不断反思自己的教学，重新审视数学教育的本质。

让我尤为欣慰的是：团员们在学习优秀教师的教学经验的过程中，不断地自我追问、思考、探究、实践、提升。正像中央民族大学孙晓天教授所说的：吴正宪小学数学教师工作站的团员，每个人都各具特色、与众不同，但团队共同的地方是开始对学生进行关注……这也许就是那个"影子"的一层含义吧！

团员们学习优秀教师的经验，深刻地认识到，不能把学习仅仅定位在教学技术的层面，要用心感悟课堂背后的"道"。因为"有术无道，止于术"。他们的学习已然超越一课一例，上升到理性的思考：怎样理解儿童数学教育？大家从不同视角审视课堂教学现象和行为，在对比中思考，在思考中交流，逐步完成"外化到内化"的学"术"过程。更难能可贵的是，团员们的研究"境界"早已超出了学"术"的预设，从研究课堂教学层面走向对数学教育的探索；从研究学生层面走向对教师自身专业发展的研究；让教育理念与教学实践巧妙对接，延伸到通过儿童数学教育促进学生的可持续发展。团员们对课堂教学策略的理解已然上升到悟"道"的过程，这个"道"就是教师应该如何树立数学大教育观的思考。我想，这可能是那个"影子"的另一层含义吧！

当然，我们的研究还不够成熟，理论基础也显单薄，对小学数学课堂教学策略的理解也只是冰山一角。但既然走在研究的路上，有了这种意识，就会有发展；有了这种研究意识，就会有超越。愿我们的思考能激起更多教师的思考……

吴正宪
2012 年 10 月

目录

❶ 制定教学目标的策略

策略一：把握素养导向／002

策略二：专业地读懂教材／004

策略三：智慧地读懂儿童／006

❷ 调研学生现状的策略

策略一：调研学生的学习起点／012

策略二：确定学生的学习难点／014

策略三：了解学生的思维特点／017

❸ 创设问题情境的策略

策略一：创设情境要有情趣／022

策略二：创设情境要有生活／023

策略三：创设情境要有问题／025

策略四：创设情境要有互动／027

策略五：创设情境要有文化／029

❹ 设计有效提问的策略

策略一：提问和情境相结合／034

策略二：提问和思维相结合／035

策略三：提问和追问相结合 / 038

❺ 课堂教学理答的策略

策略一：回答中启发诱导 / 044

策略二：等待中促进自省 / 046

策略三：强化中突出重点 / 048

策略四：转向中扩大参与度 / 050

❻ 利用儿童经验的策略

策略一：回归生活，激活经验 / 054

策略二：回到起点，对接经验 / 056

策略三：反思梳理，提升经验 / 058

❼ 利用错误资源的策略

策略一：容错，等待花开 / 062

策略二：试错，诱导明理 / 063

策略三：纠错，引辩悟道 / 065

策略四：借错，悟中求实 / 067

❽ 课堂机敏应变的策略

策略一：直面问题，情理交融 / 072

策略二：顺应思维，巧妙引导 / 073

策略三：面向全体，探寻本质 / 075

❾ 设计探究性活动的策略

策略一：探究材料要准备 / 080

策略二：探究内容要筛选 / 081

策略三：探究问题要精彩 / 083

策略四：探究形式要多样 / 085

❿ 设计课堂练习的策略

策略一：练习设计有趣味 / 090

策略二：练习设计串成串 / 091

策略三：练习设计形式多 / 093

策略四：练习设计要开放 / 096

策略五：练习设计有思想 / 098

⓫ 运用有效评价的策略

策略一：合理评价，建立自信 / 104

策略二：延迟评价，给予空间 / 106

策略三：积极评价，鼓励创新 / 107

策略四：客观评价，突破障碍 / 109

⓬ 走进学生内心世界的策略

策略一：架起平等互尊的桥梁 / 116

策略二：扬起放飞自信的翅膀 / 117

策略三：搭设由低到高的门槛 / 118

策略四：激活"潮汐现象"的思维 / 120

⓭ 读懂学生认知过程的策略

策略一：从前测中读懂学生的基础 / 124

策略二：从表情中读懂学生的需求 / 127

策略三：从追问中读懂学生的思路 / 130

❶❹ 建构互动交流的策略

　　策略一：促进思维活动 / 136

　　策略二：搭建展示平台 / 138

　　策略三：建构对话空间 / 139

❶❺ 创设认知冲突的策略

　　策略一：关键点引发冲突 / 144

　　策略二：困惑处制造冲突 / 145

　　策略三：平衡中激活冲突 / 147

❶❻ 问题解决的策略

　　策略一：观察中发现问题 / 152

　　策略二：操作中探究问题 / 153

　　策略三：交流中解决问题 / 154

　　策略四：练习中深化问题 / 155

❶❼ 比较的策略

　　策略一：利用体验进行比较 / 160

　　策略二：利用知识关联进行比较 / 161

　　策略三：利用迁移进行比较 / 162

　　策略四：利用易混淆知识进行比较 / 164

　　策略五：利用逻辑关系进行比较 / 166

❶❽ 转化的策略

　　策略一：将新知识转化成旧知识 / 170

　　策略二：将不规则的转化成规则的 / 171

策略三：将复杂的转化成简单的 / 173

策略四：将抽象的转化成直观的 / 174

⑲ 数与形结合的策略

策略一：以形助数，理解概念 / 180

策略二：以形助数，感悟算理 / 182

策略三：以形助数，解决问题 / 184

策略四：以数辅形，刻画图形 / 186

⑳ 建立数学模型（模型观念）的策略

策略一：选择儿童熟悉的真情境 / 190

策略二：任务驱动引发儿童好奇心 / 192

策略三：经历不完全归纳的过程 / 194

策略四：体验一般化的过程 / 196

后　记 / 201

1
制定教学目标的策略

> 有实效的数学课，离不开清晰明确的教学目标。教学目标引领着教学的方向。但现实中，有的教学目标缺乏深入思考，缺乏针对性；有的对显性的、容易实现的"知识与技能"目标关注过多，对隐性的"过程与方法"目标重视不够；还有的将对学生意义深远的"情感态度与价值观"目标作为一种装饰，以应付教案检查，结果造成教学目标缺少针对性。
>
> 在基础教育课程改革的今天，教学理念、教材编排等都发生了变化，如何面对当今学生的实际，制定有效的教学目标，通过有效的教学落实核心素养，让学生有实际获得呢？吴老师在这方面又有哪些建议呢？

策略一：把握素养导向

《义务教育数学课程标准（2022年版）》（以下简称《课标（2022年版）》）明确提出要通过四个内容领域的教学，帮助学生获得与发展数学基础知识、基本技能、基本思想和基本活动经验（以下简称"四基"），发展运用数学知识与方法发现、提出、分析和解决问题的能力（以下简称"四能"），发展他们的数感、量感、符号意识、运算能力、几何直观、空间观念、推理意识、数据意识、模型意识、应用意识、创新意识，形成正确的情感、态度和价值观。深入理解这些核心概念的深刻内涵，使课堂教学为学生的可持续发展助力并反映核心的价值观，是教学的落脚点。

数学课程目标包括结果目标和过程目标。在制定教学目标时，要关注必备品格和关键能力。在刻画结果目标时，使用了"了解""理解""掌握""运用"等行为动词，在描述过程目标时，使用了"经历""体验""感悟""探索"等行为动词。制定教学目标时使用的目标动词不同，对学生的要求也就不同：定高了，学生达不到；定低了，缺乏挑战性。因此要用好表示程度的目标动词，对课堂教学准确定位。

案例及解析

"用字母表示数量关系"的教学目标

在具体情境中，能用字母或含有字母的式子表示数量之间的关系、性质和规律，体会用字母表示数的简明性、概括性，发展抽象概括能力；探索用字母表示事物的关系、性质和规律的方法，感悟用字母表示的一般性；在探索知识、克服困难的过程中，发展符号意识、推理意识和初步的应用意识。

"用字母表示数量关系"是数与代数领域的教学内容，是学生思维从"算术向代数"发展的第一课时。不仅要让学生感受字母表示数量关系产生的必要性，掌握用字母表示数量关系的方法，了解含有字母式子的含义，而且要在此过程中让学生体会符号意识，渗透代数思想，这是非常重要的教学目标。

这个教学目标使用了"体会、探索、感悟"这些目标动词，由此，我们应明确学生通过这节课应该"能在具体事例中，知道或能举例说明字母式子的意义；在理解字母式子意义的基础上，能够在新的情境中用字母式子表示数量关系；在参与用字母表示数量关系的数学活动中，在具体情境中初步认识字母式子的特征，获得用字母表示数量关系的初步经验，体会符号简明、概括与抽象的特点"。

课程标准是编写教材、课堂教学、考试命题、评估的依据，是教材的编写者、教学的实施者、教学效果的评价者共同遵循的准则。《课标（2022年版）》明确指出：课程目标以学生发展为本，以核心素养为导向，课堂教学要注重"四基"、培育"四能"，同时提出了数学课程的11个核心概念；对于目标动词，课标中也有明确的表述，这些都需要我们好好学习和领会。

小贴士

在实践中，老师们在刻画知识与技能目标或描述数学活动过程时，往往忽略目标动词的使用，造成课堂教学目标不明确，教学内容安排难易不合理。教学目标的设计既要关注近期目标，也要考虑学生的长远发展；既要使学生获得知识与技能，又要将知识与技能的学习过程落在数学思想方法的体会、领悟上，数感的增强上，抽象概括能力的提高上，空间观念的发展上。制定教学目标既要立足当下，又要放眼未来，准确选择好目标动词，课堂就有了明确的定位，就有了生命力。

策略二：专业地读懂教材

在宏观上要整体把握知识之间的内在联系。教材编排一直遵循同一知识"螺旋式上升"、不同知识"交替式增长"的原则，从而出现了不同的知识单元。

在微观上要深入解读教材。要解读教材的变化，思考为什么会有这样的变化，切实领会编者的意图。要解读教材中的知识内容有哪些，这些知识点是怎样呈现的，知识点之间有怎样的联系。还要解读学生学习的过程，教材上的每一幅图、每一个对话、每一行文字都告诉我们什么，以及每一个知识内容背后蕴含的数学思想和方法是什么。

 案例及解析

"两位数加两位数"的教学目标

整体把握加减法计算教学：北师大版教材将"两位数加两位数"安排在一年级下册学习。从下面的图中可以看出该教学内容在整个整数加减法中所处的位置。

跳出整数加减法看小学阶段的加减法计算教学：整数计算是小数、分数计算的基础，整数、小数、分数加减法的算理是相通的，即相同单位可以直接相加减。

跳出小学阶段加减法计算教学，放眼初中教材：小学阶段的加减法计算是为了初中阶段学习有理数和整式的计算打基础的。

下图提示我们：要让学生在熟悉的情境中，根据已有的生活经验和知识基础，在独立尝试的基础上，通过讨论和汇报来理解算理、掌握算法，实现算法多样化，并且通过数形结合的方法帮助学生理解算理。这应该是一个自主探索不同算法，在交流对话中明理的学习过程。根据对教材的分析，教学目标中应体现如下内容：要在解决实际问题的情境中，把估算、口算和笔算有机地结合在一起，体会计算源于生活的需要；利用学生已有的知识和经验，在动手操作学具、自主探究与合作交流中，研究算法，理解算理，感受算法的多样，渗透数形结合的思想；发展学生的估算意识，掌握笔算方法，会正确计算两位数加两位数，提高计算能力。

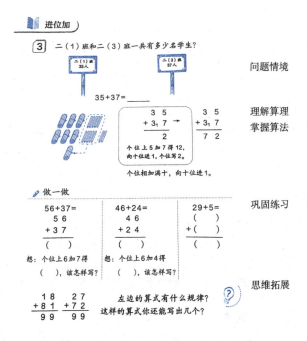

小贴士

> 整体把握教材与深入解读文本是教师的基本功，是有效教学的前提，纵向要把握知识脉络，横向要沟通知识联系，教师只有做到"脑中有数"，才能"心中有数"，进而"教学有术"。专业解读教材，要读懂教材上的每一幅图片、每一句话、每一个符号，多问自己几个"为什么""是什么""怎样办"。在不断追问的过程中紧抓数学本质，设计有效的教学目标，实施有效的数学教学。教师只有站得高，看得远，才能带着学生走得远。

策略三：智慧地读懂儿童

准确地了解学情，是制定教学目标、实施有效教学的重要依据。

了解学生什么？学生是否具备学习新知识必需的旧知识与经验？对于即将学习的新知识，学生的学习困难在哪里？学生感兴趣的问题是什么？学生喜欢的方式是什么？……

怎么了解？可以通过问卷调查、访谈、作品分析、课堂观察等。

案例及解析

"9的乘法口诀"教学目标

教师第一次制定的教学目标如下：

知识目标：掌握9的乘法口诀。

能力目标：形成初步的知识迁移能力。

情感目标：体会数学的价值，培养对数学的学习兴趣。

教学前，老师对学生进行了前测：写出 9 的乘法口诀。情况如下表：

学生情况分类	人数	占总数的百分比
全写对	25	56.8%
全写出来但有小问题（表达不规范）	5	11.4%
写出大部分（写到六九或七九）	11	25.0%
写出少部分	3	6.8%

结果表明：9 的乘法口诀已经有多数学生会默写了；少数学生对"7×9""8×9"等数大的口诀记忆不清，存在问题的仅 3 人。

从统计的结果看，编口诀和口诀的整理已经不再是学生学习的难点，对"大数"口诀的记忆是学生学习存在的主要困难。据此可知，学生需要记忆口诀的方法指导，除了运用规律记忆口诀，还要学会在解决具体问题时加强对口诀的理解。

针对学生的实际情况，教师将教学目标调整为：

1. 在初步了解 9 的乘法口诀的基础上，进一步理解 9 的乘法口诀并熟记口诀。

2. 通过观察、交流、归纳等方法，发现口诀的规律，能根据发现的规律找到口诀之间的联系。

3. 在寻找 9 的乘法口诀规律的过程中，感受数学的规律性，获得探索规律的一些方法；体会自信，增强对探索的兴趣。

很明显，调整后的教学目标更符合学生的认知现状，更具有针对性；调整后的教学目标更注重数学知识之间的联系与数学规律的探索，更注重在学生已有经验的基础上开展教学，注重学习方法之间的迁移，更能够促进学生的发展。

小贴士

> 要想真正促进学生的发展，了解学生的能力是具有根本意义的事情。波利亚曾说："教师讲什么不重要，学生想什么比这重要一千倍！"我们需要通过访谈、对话、问卷调查等方式，研究学生学习过程中存在的真问题，促进师生共同成长。学生研究要基于对教材整体和深度的把握，要真正关注学生的学习困难，满足学生发展的需求，关注和促进他们的发展。在充分了解学生的数学现实的基础上制定的教学目标，才是回应学生需求、促进学生发展的切实有效的教学目标。

吴老师支招

■ 把握一个前提——领会课标精神

数学课程标准是数学教育的纲领性文件，学段目标、教材编写建议、实施建议等有助于我们制定教学目标和设计学习活动，应该深入领会每一部分的内容和精神实质。

《课标（2022年版）》中提出的总目标与11个核心素养概念是课堂教学的方向，通过数学教学培育学生的核心素养，积累活动经验，提高解决现实问题的能力。同时，每一领域的教学应把握最终的落脚点，比如：图形与几何的教学承载着发展学生空间观念的重要任务，首先要理解空间观念是什么，其次要在"图形的认识与测量、图形的位置与运动"各个主题内容的教学中，体现空间观念的培养与落实。课程目标中对结果目标和过程目标使用的行为动词不一样，教学目标的定位也不一样。准确把握每一个目标行为动词的准确内涵，是制定课时目标的前提。

■ 做到一个基本——读懂教材

制定教学目标，首先要读懂教材，真正领会编写意图，读出教材里的数学知识是什么、知识产生和形成的过程、学生学习知识的方式、数学知识承载的思想和方法以及数学的文化和历史等。要全面了解知识体系，明确所教的知识从哪里来，到哪里去，确定好教学的起点和方向。在教学时，很多老师参看其他版本的教材，通过对比找到联系与区别，这样能够对教学内容的了解更全面，几套教材优势互补，更有利于教学目标的制定和学习活动的开展。

■ 树立一个意识——研究学生

教是为学服务的，课堂是为学生设计的，因此要努力读懂学生，自觉树立研究学生的意识。可以有目的、有计划地在全册教材中，选择核心内容进行学生前测与分析，进行群体研究；也可以有意识地在班级中选择个别学生进行访谈，做个案研究；还可以通过作业、课堂观察、课后测试等方式对学生的学习过程进行全面研究。当今课堂，仅凭经验教学已经难以满足学生的需求。研究学生是为了让我们的教学目标更加清晰，让教学更符合学生的需要。

（韩玉娟）

2
调研学生现状的策略

> 现在的学生,生活环境、学习环境非常开放,知识来源尤其多元,方方面面的信息丰富着他们的头脑,有的早已超出了教师的意料。加之"超前教育"的引入,他们的知识领域在主动和被动之间得到扩张。那么,面对这样的学生,如果不充分了解、关注他们的学习现状,没有找到学生的"学"和教师的"教"的对接点,就会使课堂失去精彩,使学生失去展示才能、提升能力的空间。

策略一：调研学生的学习起点

学生已有的生活经验和知识基础，是教师进行教学设计的重要依据。现在的学生接触方方面面的信息，使得他们的认知基础不再局限于学校学习的认知层面。对于一些学生来说，教材中的某些知识点并不陌生。教师凭主观设计教学，就满足不了学生学习数学的真正需求。应该怎样了解学生的真正基础，找准学生的"学"与教师的"教"的对接点，使课堂教学满足学生的学习需求，教给他们需要的知识呢？

案例及解析

当新知识不"新"时怎么办？

在教学"找规律"时，考虑到学生的年龄特点和接受能力，单元教学目标只教学简单的"图形"和"数字"的排列规律，意在让学生了解什么是规律。

教师在教学前了解到，学生对上述内容已有接触，具备一些找规律的经验。那么，学生到底对找规律的知识了解多少？掌握到什么程度？有什么更高层次的学习需求呢？教师该如何针对学生的学习现状进行教学设计？带着这些思考，教师进行了课前调研：

1. 调研的目的：准确了解学生的经验基础，把握学生学习的起点。
2. 调研的内容：教材原有题型（例题）。

(1) ○□○□○□○□ ____ ____

(2) ▲○△▲○△▲○△ ____ ____

(3) ●●●○●●●○●●●○ ____ ____

(4) 9 8 7 6 5 4 ____ ____ ____

(5) 10 ____ 20 ____ 30　35 ____ ____

(6) 4　8　12　16　20 ____ ____ ____

(7) ○　8　∞　8　∞
　　1　2　3　4　5 ____ ____

参加前测的学生共 43 名，全对的有 23 人，占 53.49%；规律对，犯其他错误的有 10 人；找错规律的有 10 人。

前测结果告诉我们，学生对"找规律"这部分知识有一定的了解，对教材中的要求学生应该很容易掌握。对于这种容易接受、大部分学生都会的内容，教师应该教什么？学生学习的意义又在哪里呢？

基于上面对学生的调研和思考，教师对原有教材和教学设计进行了调整：一是缩减课时，把原来的 4 课时缩减为 3 课时；二是感情学习规律的价值性；三是注重对学生学习方法的指导，重视学生经历学习的过程，发展学生思维。

下面是前后两种方案的对比。

1. 猜一猜。

原有要求：根据发现的规律，猜想下一个图形是什么。

（评析：这种设计对于学生来说没有什么难度。）

提高要求：根据前后图形的规律，猜想中间缺少的图形是什么。例如：

○○○□□□○○○□□□○○ _____ ○○○□□□

（评析：在观察的基础上分析、判断所缺少的图形，发展学生的推理意识。）

2. 找一找。

增加内容：针对同一种排列，让学生从不同角度（如形状、颜色、数量等）寻找规律，培养思维的灵活性。

3. 演一演。

增加内容：用学生喜欢的方式来表示发现的规律，如声音、动作、节奏等（用拍手、跺脚表示△○△○△○的规律等）。通过身体语言感受规律。

4. 找一找。

原有要求：提供生活素材，找一找生活中的规律。

提高要求：借助已有经验，自己举出生活中有规律的现象。

5. 画一画。

原有内容：单一素材创造规律。

增加内容：多种素材创造规律，过渡到学生独立创编规律。

小贴士

> 根据学生的认知基础，教师对教材中的原有例题进行了调整，适当增加了"难度"。从课堂教学效果来看，在教学过程中，大多数学生始终保持着很高的学习积极性。由此可见，这样的教学设计是建立在学生已有经验和知识基础之上的，充分体现了课堂教学的实效性。

策略二：确定学生的学习难点

课堂教学是一种师生参与的动态变化过程，每一个学生都是生动、独立的个体，是课堂上主动求知、主动探索的主体；而教师是这个变化过程的设计者、组织者、引导者和合作者，是为学生服务的。如果教师缺少对学生学习状态的关注，教学就会失去针对性和有效性。

那么，当教师带着已有的教学设计走进课堂，发现自己的预设与学生的课堂实际有矛盾时，该如何了解学生的学习现状？如何在学生回答问题的一刹那敏锐洞察他们的需要，捕捉细节，迅速做出判断并及时调整教学呢？

案例及解析

学生感觉新知索然无味时怎么办？

在教学"两位数加一位数"时，教师就经历了上述挑战。

课堂伊始，教师引出 24 + 3，并提问："想一想，24 + 3 怎样算？"学生不假思索地脱口而出："27。""你们算得对吗？"教师追问。学生你一言我一语："没问题。""怎么不对呀？""肯定对，我早就会算了。"此时教师又问："能说说怎么算的吗？""4 + 3 = 7，20 + 7 = 27。"

学生突如其来的回答打乱了教师的教学预设，对此，教师灵机一动，做了如下机动处理。

先出示一道题：45 + 3，请同学们把得数写在本子上，教师在巡视时发现全班只有一个人因为抄错数出错。接下来教师加大难度，在黑板上写了一道题：5 + 44。同学们都跃跃欲试，此时教师询问了几位同学的结果：49、49……94。当"94"一出，同学们迫不及待地评价："不对！他算错了！"在同学们对算理的争论中，算成 94 的两位同学意识到了问题所在，马上更正：应该得 49。

教师趁机追问两位数与一位数相加时的注意事项，学生回答："要注意相同数位相加。"教师继续追问："为什么要相同数位上的数才能直接相加？相加的是什么？"这正是这一环节的教学所要达到的目标。

运用教学机智调控课堂的教学节奏，体现了教师驾驭课堂的能力。由学生自己会算到难度加大出现小问题，学生在类似爬楼梯的过程中，进行着生生交流，在交流的过程中达到理解算理、掌握算法、总结策略的目的。除此之外，教师更加意识到了课前了解学生学情的重要性。

有了前面处理不进位加法的教学启示，教师把了解学情放在了课堂上。当学习两位数加一位数（进位加法）时，教师在课堂上进行了调研："24＋9谁会算？请你用手势表示得数。"统计结果如下表：

全班人数	会算的	算错的（得数23）	犹豫的
45人	31人	6人	8人

从表中数据可以看出，两位数加一位数（进位加法）有14人存在学习困难。一小部分学生不会算，怎么办呢？动手操作还有必要吗？教师灵机一动，当即询问了几位同学："能说说24＋9为什么得33吗？"其中有两个学生支支吾吾说不清楚，看来理解算理是本课的难点。于是教师布置任务："会算的同学想一想你是怎样计算的。算完后把你的想法用小棒摆出来，一会儿给大家说一说。还没算出结果的同学，借助小棒摆一摆，看看你摆的结果是多少。"兴趣盎然的学生们开始动手操作、动脑思考。这样既激发了学生的求知欲望，又保护了学生的自信，在之后的交流过程中，学生理解了算理，掌握了算法。

小贴士

学习过程是学生从不知到知、从知道不多到知之较多，最后形成较强的自我学习能力的过程。这一过程的实现主要依赖于学生自身认知行为和认知能力的转变，教师的任务就是要帮他们完成这个转变过程。一切教学活动都应该以学生为中心展开，教师的教从根本上说是为学生的学服务的，课堂教学必须密切关注学生的学习需求。只有满足了学生的学习需求，课堂教学才是有生命的、有实效的。

策略三：了解学生的思维特点

小学生的思维特点是从具体形象思维向抽象思维过渡，在学习知识时，不同的学生有不同的表现。教学中也会碰到这样的现象——学生在课堂上表现得非常积极、热情，课堂气氛活跃，但是仔细回味却发现，学生在数学上的真正收获并不多。"热热闹闹"的学习场景下，是不是学生真的参与了？是不是完成了所有的教学环节，教学目标就达成了？

案例及解析

有什么规律？

吴老师在教学"成正比的量"时，先出示了一个记录数量和总价的表格，让学生观察其中有什么规律。

钢笔数量（支）	0	1	2	3	4	5	…
钱数（元）	0	5	10	15	20	25	…

生：我发现买的钢笔数量越多，付的钱也就越多。

师：对，付的钱数随着钢笔支数的变化而变化。

生：我发现所付钱数是购买钢笔数量的5倍，这样，一支钢笔的价钱是5元。

师：这位同学在变化中又看到了不变，不变的是什么？购买钢笔的数量和所付钱数的关系除了可以用表格、语言表示，其实还可以用图表示。

吴老师给每位同学发了一张印有坐标系的图纸，让学生根据刚才的交流绘制成正比的量图像。

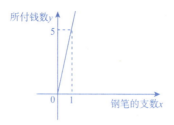

随后又出示了下面的练习：

时间（小时）	1	2	3	4	…
路程（千米）	100	200			…

时间（小时）	1	2	3	4	…
路程（千米）	150	300			…

时间（小时）	1	2	3	4	…
路程（千米）	200	400			…

（1）根据表格判断路程和时间是成正比的量吗？

（2）根据表中的数据在方格纸上绘制图像。

（3）你能根据图像再找到一组数据吗？

吴老师把学生绘制的图像重叠在一起，让学生观察比较，看看发现了什么（图像与横轴的夹角随着速度的变大而变大）。然后再次提问：如果现在加入一个飞机运行的时间和航程的关系，判断大致在什么位置，并说明理由。

吴老师充分运用表格、图像等多种表征，引导学生体会正比例的意义，引导学生自觉地观察、分析、概括，紧紧围绕判断成正比的量展开教学。从讨论表象到抽象概念，让学生自己发现：两个相关联的量，一个扩大（或缩小）若干倍时，另一个也扩大（或缩小）相同的倍数，而且这两个数量对应的比值始终不变。

小贴士

在教学中，教师可以通过具体的生活实例，借助语言、表格、图像等多种表征，引导学生逐步了解数量之间的内在联系。通过多种表征的运用，让学生感悟变化的过程并强化这种体验和感受，真正理解知识的本质，同时渗透函数思想。

吴老师支招

■ 找准教学起点——唤醒学生的已有经验

我们应根据学生原有的知识状况进行教学。教师将学生的学习起点定得过高或过低，都不适宜学生发展。学生的学习不是被动的接纳过程，而是一个以已有知识、经验、态度为基础的主动构建的过程。教师要找准学生的学习起点，充分关注学生的生活经验，为学生创造一个适宜的体验环境。

■ 关注学生需求——情感需求和知识需求

大多数教师在进行教学设计时，都会考虑到学生原有的知识基础，考虑到学生对学习的需求。但谈到关注需求，教师们容易凭借自己的经验，从教师的角度分析学生。面对较容易的教学内容，容易低估学生的知识基础、学习能力及对学习的渴望，结果造成课堂教学不解渴的现象。数学课不仅仅要关注学生情感的需求，更要关注学生对数学学习的深层次需求，在了解学生的基础上，研究应该让学生怎样学。

■ 重构内容——满足学生的发展需要

有时我们可以打破教材的安排，结合学生的具体和实际情况，临时调整教学设计，最大限度地满足学生的情感需求和对数学知识的需求。让学生的数学学习过程富有挑战性、富有个性,让他们展示自己的才华,感受到学习的乐趣。

(陈凤伟　韩巧玲)

3
创设问题情境的策略

数学给人的印象往往是抽象的、枯燥的。基于小学生的年龄特点，教师需要借助一些手段来激发他们的兴趣，调动他们的认知情感，促进他们对问题的深入思考，于是，创设情境成为教学设计不可或缺的组成部分。随着新课程改革的逐步推进，教师们已经充分认识到情境对于小学数学课堂教学的重要意义，并且积累了很多优秀案例和实践经验。小学阶段所说的"情境"是宽泛的，对它的理解也是多元的。但只有与真实情境联系，与已有经验联系，与新的知识联系，才可以称为有意义的情境。

策略一：创设情境要有情趣

基于数学知识的特点，数学有时候显得有些严肃。让情境承担起激发学生学习兴趣的任务，唤起学生的积极情感，无疑是一种非常有效的途径。可以通过设计有趣的人物形象、讲有趣的数学故事、做有趣的数学游戏等方式，方式的选择一定要考虑学生的年龄特点，一定要有情趣。在吴老师多年的教学实践中，我们经常能看到她精心设计的一个个有趣的情境，而且形式多样，讲故事就是她经常使用的一种方法。

案例及解析

可以圈多少地？

一上课，吴老师先给孩子们讲了一个小故事：

  一个叫巴霍姆的人，想在草原上买一块地。卖地的人说："你如果愿出 1000 卢布，那么你从日出到日落走过的路围成的地就都归你。不过，日落之前你必须回到原来出发的地方，否则你的钱就白花了。"巴霍姆觉得很合算，就付了钱。他想走出最远的路线，得到尽可能多的土地，于是第二天，太阳刚刚升起，他就开始在大草原上奔跑起来。

"同学们，如果你是巴霍姆，你会怎样围地？"吴老师问。

故事引发了同学们的深入思考：巴霍姆使尽全力，跑的路线长短也是不变的，关键是看他围成什么形状。周长一定时，什么图形的面积最大？

多么有趣且具有数学味道的故事呀！学生被深深吸引，这种吸引不仅仅是故事情节的吸引，关键是使学生产生了研究的欲望，使学生感受到了数学问题的解决带来的兴奋和成就感。

小贴士

> 如何让孩子喜欢数学，是数学教师必须思考和解决的问题。有趣的情境会吸引学生，使学生主动走近数学学习。因此，教师应结合学生的年龄特点和实际生活，创设出富有数学情趣的情境。

策略二：创设情境要有生活

数学来源于生活，在数学教学中，许多学习内容和需要解决的数学问题都可以在生活中找到原型。基于学生的心理发展特点，他们对熟悉的生活情境感到亲切，容易产生研究的兴趣，能够感受到数学学习的实践价值。教师有责任在教学的同时将数学知识和生活进行联系，而这首先需要教师具备这样的意识，并注意收集相关素材加以改造，为己所用。对此，吴老师给我们做了很好的典范。吴老师善于从孩子们的生活中提取数学学习素材，使他们感受到课堂数学是来源于生活的，从而使学生对数学产生浓厚的兴趣。

案例及解析

AA 制与小数除法（小数除法的 AA 制情境）

上课伊始，吴老师以"裸情境"开启了小数除法的起始学习：甲、乙、丙、丁是某大学同一宿舍的大学生，毕业前夕，四人聚餐，并商量好以 AA 制的方式付款。服务员收费 97 元，每人应付多少元？

学生记录信息，开始计算：97÷4＝24（元）……1（元）。（目的：让儿童学会在"裸情境"中自觉提取数学信息。）

师：每个人要付多少钱？

生：（齐答）24 元余 1 元。

（齐答过后，学生有了疑惑："24 元余 1 元"是多少钱。）

生：就是比 24 元多一些，比 25 元少一些。

生：（疑惑地问）这个数好像不准确啊。

生：（急切地）每个人到底应付多少钱呀？

师：问得好，每个人应付多少钱呢？这就是这节课我们要研究的新问题。你们有办法解决吗？

（学生开始独立思考……）

为什么选择这个例子作为打开小数除法学习的这扇门的钥匙呢？要想让学习真正发生，就要让儿童原认知和已有经验与新概念发生冲突，从而产生困惑和问题。先前的"有余数除法"在这里解释不通了，自然会产生"每人到底该付多少钱呢""余下的 1 元，4 个人怎么分呢"的任务驱动。问题在这里生成，思维在这里被激活。

同学们独立思考，呈现出不同的解决方法。

第一位学生用算式表达：1 元 = 100 分，100÷4＝25（分），结果是 25 分。

第二位学生用了不同的算式表达：1 元 = 10 角，10÷4＝2（角）……2（角）；2 角 = 20 分，20÷4＝5（分），结果是 2 角 5 分。

第三位学生用语言记录：1 元钱不够分了就换成 10 角，继续分，每人 2 角，还剩 2 角，又不够分了。继续把 2 角换成 20 分，再继续分，每人 5 分，结果是 2 角 5 分。

第四位学生用画图的方式表达：先画一个大圆表示 1 元，将它分成 10 个小圆代表 10 角，每人分 2 角，这时还剩下 2 角；再画 20 个小圆，表示

20分,每5个小圆圈一圈,结果每人也是2角5分。

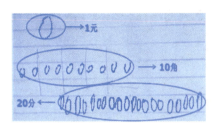

借助真实的问题情境,用原来的旧知识、旧经验把余下的"1元"继续分完了。直观形象的"分钱"过程,解决了困惑,同时为理解小数除法的算理奠定了重要基础。一个真实的"裸情景"引发了真问题、真需求,一个"老经验"遇到的"新问题"引发了真追问、真思考。从"有余数除法"开始向"小数除法"挺进,也就顺理成章了。

小贴士

> 正如著名数学家华罗庚所说:"宇宙之大,粒子之微,火箭之速,化工之巧,地球之变,生物之谜,日用之繁,无处不用数学。"数学和现实生活有着密切的联系。教师在创设情境时,应该让学生在具体的、现实的情境中尝试用数学的方法解决问题,自主体会学习数学的过程。在小学阶段,受学生年龄和知识经验的影响,创设情境有时需要适当对现实生活进行再加工。

策略三:创设情境要有问题

创设富有挑战性和探索性的问题情境,不仅会激发学生的学习动机,还能使学生在解决这些问题的过程中增强自信心,感受数学学习的价值。

听过吴老师课的人都会有这样一种感觉——学生总是在一个又一个的问题中不断思考,而这一系列问题往往来源于教师精心创设的有思想的数学情境。

 案例及解析

"'喝'出的体积单位"与"能安全过河吗"

在教学"体积单位"时,吴老师将同样多的牛奶倒入两个相同的杯子里,结果却出现了一杯多、一杯少的怪现象。学生产生了强烈的好奇心:到底是怎么回事呢?吴老师见时机已经成熟,让两位学生将牛奶一饮而尽。秘密终于藏不住了:原来,其中一个杯子里有一块冰糖——"这块冰糖挤占了杯子中一定的地方"。

好一个喝牛奶!不但"喝"出了体积的初步概念,更"喝"出了体积大小的空间感知。学生对三维空间的理解就这样从喝牛奶开始了。

在讲授"平均数"时,吴老师创设了这样的问题情境:小明身高155厘米,他要过一条平均水深110厘米的河,会有危险吗?

这是个有争议的话题!全班同学立刻分成两大阵营,一组认为没有危险,一组认为有危险。吴老师没有急于肯定,更没有否定,而是请各组派出代表阐述理由。一场精彩的辩论开始了。

甲方:"我们认为小明不会有危险,因为小明身高155厘米,而平均水深只有110厘米,小明站在河里时水不会没过他的头。"

乙方:"请问甲方,什么叫平均水深110厘米?"

甲方挠挠头说:"平均水深110厘米,就是深水和浅水匀乎匀乎,中间的那个数。"

乙方紧追不舍:"如果小明站在了深水的地方呢?"

甲方同学支支吾吾,很不好意思地站到乙方的阵营里。

多么有价值的争论！在争论中，大家对于平均数的概念有了本质的理解，这才是创设情境的真正目的。

小贴士

> 情境要有鲜明的学科特点，学生能从中自然地提出数学问题。这就要求情境富有挑战性，能激发学生主动思考。从情境中寻找数学问题，再利用情境解决问题，实现数学理解，这就是我们所说的情境要有数学的味道！

策略四：创设情境要有互动

课堂教学是师生双向交流的活动，情境的创设应促使这种交流更加有效。为此，要让学生以情境主人的身份参与其中。角色扮演就是一种很好的方式。它给学生提供了充分的数学活动的机会，让学生经历整个过程，通过角色扮演感受、学习数学。这就是师生互动的课堂。

案例及解析

金箍棒有多长？

在教学"小数点位置移动"时，吴老师依据教材创设了一个故事情境：孙悟空有一个神奇的宝贝——金箍棒。它能用来降妖除魔，而且变化多端，想变多大就变多大，想变多小就变多小。看，要消灭这个妖怪，金箍棒得怎么变？变大。9毫米行吗？90毫米呢？900毫米？9000毫米？

随着数据的出现,吴老师要求学生用肢体语言表示金箍棒的大小。

紧接着提出问题:"你能用米作单位表示出金箍棒的大小吗?请把数据写在数位顺序表中。"

继续提出问题:"观察这些数据,它们有什么关系?从哪里看出数的大小变了?"

当学生回答"从小数点位置看小数大小变了"时,吴老师提出疑问:"小数点的位置真能影响小数的大小吗?观察这些数据,你觉得小数点的移动有规律吗?有什么规律?"学生做出猜想。

在这个过程中,学生的思维和老师的问题不断发生碰撞:"你的猜想是什么?你打算怎样验证你的猜想?如果在验证的过程中发现你的猜想有问题,可以随时调整。"教师的问题让学生完全进入情境教学,思维上发生剧烈的反应。只有思维动起来,才能真正实现师生互动教学!

小贴士

> 情境创设的方式是多样的。强调学生主体参与的情境创设有助于促进学生调动多种感官特别是思维的参与,从而在活动中获得知识、形成技能、生成智慧。

策略五：创设情境要有文化

数学文化是对数学发展的浓缩，在创设情境时也应渗透数学文化。但是，目前许多教师在利用情境渗透数学文化时往往停留在简单的告知上，不能很好地让学生感受数学的魅力。下面我们看看吴老师是怎么处理的。

案例及解析

分数的历史

教学"分数意义"前，吴老师发现学生对分数的产生十分感兴趣。要不要把这个知识点介绍给学生呢？了解了分数的"来龙去脉"，学生可能会更容易接受它。于是，吴老师备课时精心挑选了一些资料：

> 早在春秋时期，我国就已经使用分数了，那时的分数是用算筹表示的，而且数很简单。后来在文化交往中，人们发现印度与我国的分数表示方法差不多，但是比我国的简洁——用数字表示。又过了几百年，阿拉伯人发明了分数线。这样，现代意义上的分数就产生了，并一直流传至今。

吴老师将此环节放到巩固练习之后，在学生了解了分数意义之后有深入了解的需求时介绍，真是恰到好处。

课件演示时间不到一分钟，学生们神情专注。课件演示结束之后，学生们不由得发出"哦"的感叹声，脸上洋溢着笑容。吴老师问："愿意和分数交朋友吗？"孩子们真诚地说道："愿意！"

小贴士

> 如果说吴老师的课堂是灵动的课堂，那么这种灵动源于她对课堂的精巧构思；如果说吴老师的课堂是智慧的课堂，那么这种智慧源于她对数学的深刻理解以及对学生的了解。数学文化反映了数学的发展历程，充分借助数学文化创设情境是一种重要的方法。

吴老师支招

创设情境是小学数学课堂教学的重要内容，在进行教学设计时要精心准备。基于以上介绍，依据以往的经验和对小学数学教学的认识，希望老师们关注以下几点。

■ **情境创设的内容——尊重和利用学生的经验基础**

情境内容的选择要与学生的生活环境、知识背景密切相关，而且是学生感兴趣的，还要考虑学生的年龄特点，比如，低年级的情境内容，主要以激发兴趣为主，卡通形象的人物可以多一些，到了高年级，要逐步过渡到以突出数学的本质为主。另外，情境内容有时要经过加工，特别是一些关于生活实际问题的，要结合学生的接受能力适当加以改造。

■ **情境创设的外在表现——生动、有趣、直观、形象，能使学生主动提出数学问题**

这也是基于小学生的年龄特点。对情境的呈现形式要充分重视，比如，是教师讲故事还是以动画形式呈现，是教师直观演示还是让学生亲自实践。无论以什么样的形式，在整个小学阶段都要突出生动、有趣、形象的特点，同时以学生是否能够从中发现数学问题为评判情境优劣的标准。还要注意情境创设的效率，不能占用过多的时间。

■ **情境创设的实质内涵——数学思想方法的承重墙**

情境创设已经成为教学环节不可缺少的内容，将数学的思想方法蕴含在情境之中，可以引导学生从动手操作、合作交流、尝试验证等外在活动，向内在的方法归纳、思想概括、规律形成等数学思维的发展迈进。在掌握必要的基础知识与基本技能、获得积极的情感体验的同时，感受数学的力量是创设情境的"最高境界"。

（刘克臣）

4
设计有效提问的策略

课堂提问是指在教学中教师根据教学目标的要求，针对有关教学内容设置一系列问题，使学生通过思考和回答，促进思维的积极性，达成教学目标。

提问不仅是课堂教学过程中重要的教学手段，也是提高教学质量的有效手段。精心设计提问，能够使课堂教学结构更为合理，同时调动学生全员、全程参与学习活动。教师提问的技能关系到课堂教学的实效性，这就要求教师掌握和运用有效提问的策略，而这是一个循序渐进的过程。教师在日常教学中，要不断地反思自己的教育行为和教育观念，使自己的提问技能不断进步和完善。怎样才能提高提问的有效性？实现有效提问的策略又有哪些呢？

策略一：提问和情境相结合

提问是教学过程中的一项重要活动，能够起到引导教学方向、揭示教学内容、推动教学发展的作用。要达成上述目标，需要教师先读懂教材，在备课过程中深入挖掘教材，熟悉教学内容，将知识进行科学的归纳和演绎。在此基础上，还需要进一步分析哪些知识用提问表达，教学过程中的各个环节如何用提问衔接，每个环节应该设计的提问的难度如何。对教材进行梳理，准确地把握教材的知识内容，能够提高提问的有效性。有时，根据学生的年龄特点，结合适当的情境提出问题往往能够起到意想不到的效果。

案例及解析

猴王分桃为什么笑？

很多教师在讲解"商不变的性质"时，往往结合知识内容直指主题。首先给学生出示一组算式，然后引导学生根据这组算式，按照一定的顺序进行观察。多数学生能够在教师的引导下得到的结论进行归纳，最后得到商不变的性质。

吴老师独辟蹊径，上课伊始，就给学生讲了一个"猴王分桃子"的故事：

有一天，猴王要给猴子们分桃子。猴王对两只小猴子说："请你们把6个桃子平均分给3只小猴，然后就按照这个标准把桃子分给群猴。"小猴子听了，连喊"太少，太少"。猴王听了，接着说道："那就这样来分吧，把60个桃子平均分给30只小猴，然后再按照这个标准把桃子分给群猴吧！"小猴子听了，想了想接着对猴王说："大王，能不能再多给些？"猴王略作思考后说："这样吧，就把600个桃子平均分给300只小猴，再按照这个标准把桃子分给群猴，这样总够了吧！"小猴子听了，高兴地笑了，连声说"谢谢大王，谢谢大王"，猴王也笑了。同学们想一想，谁的笑是聪明的一笑？为什么？猴王笑的秘密是什么？

沉浸在故事中的学生被小猴子、猴王的对话深深吸引着。是啊，猴王为什么笑？这"笑"的背后隐藏着怎样的秘密？生动的情境，引发出关键的问题。

小贴士

> 情境往往并不直接揭示所学的数学内容，需要学生基于自己的实践和思考，从中提炼数学信息。因此，依据情境恰当提问就好比画龙点睛，使情境发挥出应有的价值，这时的情境不仅是几句简答的导语，更是促进学生数学思考的导引。

策略二：提问和思维相结合

教师提问要看准时机，适时提问是一种高水平的教学艺术。如果把学生的思维活动比作一潭水，教师的提问就如同向潭中投石。"投石"时机的早晚直接关系到教学效果的优劣。"投石"过早，学生的思维尚未充分活跃起来，学生不能很好地把要解决的问题与教师的启发诱导建立起有机的联系；"投石"过晚，学生思维活动的高潮已经过去，就很难达到开启思维的最佳效果，知识很难在学生头脑中留下深刻持久的印象。

案例及解析

成正比的量

师：对于成正比例关系的量，除了用表格、文字叙述和字母表达外，你们见过图1吗？你读懂了什么？

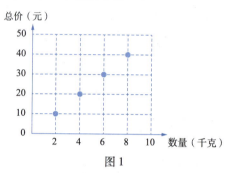

图1

生：从图1可以看出买2千克苹果是10元，4千克是20元，6千克是30元……，我还能推测出3千克15元，9千克45元，这些点都在一条长长的直线上（出示图2）。

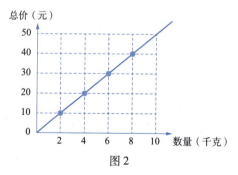

图2

生：原来图1表示的就是表格中买苹果的数量和总价之间的关系，总价和数量之间的比值是5，单价就是5。根据单价，就能算出任何数量的苹果需要的总价钱。

生：图2就是把表格中相对应的数量和总价之间的关系，用图像中的点来表示。

师：说得好！表格中苹果的数量和总价之间的关系可以用图1中

的一个个相对应的点来表示，体现了单价不变的关系，单价是 5 的所有点的集合就是一条长长的直线。所以成正比的量还可以用图像来表示。

生：是不是也可以用这样的图像表示另外两个表中的时间和路程之间的关系、边长和周长之间的关系？

生：肯定没问题。

师：你们真会质疑，也会迁移。

《课标（2022 年版）》在数与代数领域第二学段的内容要求中指出：在具体情境中，认识常见数量关系：总价＝单价×数量、路程＝速度×时间；能利用这些关系解决简单的实际问题。教师抽象出成正比的量，让学生感受成正比的量的变化规律——一个量的变化会引起另一个量的变化，两个量的变化规律是比值不变，在此基础上引导学生讲生活中成正比的量的故事，进而尝试将成正比的量的数据在方格纸上画出来，建立几何直观，为中学进一步学习函数打下基础。

小贴士

正如教育家叶圣陶所言："教师之为教，不在全盘授予，而在相机诱导。"课堂教学的效果取决于学生思维是否活跃，取决于教师是否善于把握提问时机，是否善于利用学生思维的特点，促使其学会思考。因此，教师应从学生的思维特点出发，及时抓住课堂生成进行追问，并留给学生一定的思考时间。这样，学生的回答不仅正确，而且富于创造性，让课堂呈现未曾预料的精彩。

策略三：提问和追问相结合

课堂提问是设疑、激疑的重要手段，是师生交往、互动的外显形式。学起于思，思源于疑，有经验的教师善于在提问之后不断追问，抓住、点燃学生思维的火花，激发他们思考现象背后的数学道理。

 案例及解析

9 加几怎么算？

吴老师在教完"9 加几"之后出了这样一组练习：

9 + 1 =　　9 + 2 =　　9 + 3 =　　9 + 4 =　　9 + 5 =

9 + 6 =　　9 + 7 =　　9 + 8 =　　9 + 9 =

学生算出结果后，老师引导学生仔细观察这些算式，看看什么变了，什么没变。

生：都是 9 加几，所以 9 没变。

生：相邻的两个算式从前往后看，加数一个比一个大 1，和也是一个比一个大 1。

生：相邻的两个算式从后往前看，加数一个比一个小 1，和也是一个比一个小 1。

生：我发现第二个加数的变化规律与和的变化规律一样。

吴老师趁机引导学生观察并感悟："从前往后看，一个加数不变，另一个加数加 1，和也加 1；从后往前看，一个加数减 1，和也减 1。"学生从中感受到了算式变化的规律。

其实，在计算教学中，可以渗透函数思想的内容和时机有很多。例如，10 以内加法表、10 以内减法表、20 以内加法表、20 以内减法表、九九乘法表、百数图等，都蕴含着丰富的规律，教师在引导学生观察有联系的一组算式时都可以渗透函数思想。

例如，20以内退位减法表：

教师可以让学生先独立思考，再追问。

师：横着看发现了什么规律？竖着看发现了什么规律？斜着看发现了什么规律？把得数是9的算式用红色笔圈起来，可以发现什么规律？

生：横着看，11－9＝2、11－8＝3、11－7＝4……我发现了被减数不变，减数一个比一个少1，差一个比一个多1。

生：我也是横着看，15－9＝6、15－8＝7、15－7＝8……发现的规律也是被减数不变，减数一个比一个少1，差一个比一个多1。

师：还有哪些小朋友也是横着看的？你们发现了什么？

生：凡是横着看，都有这样的规律。

师：还有其他不同的观察角度吗？

生：我是竖着看的，11－9＝2、12－9＝3、13－9＝4……我发现减数不变，被减数一个比一个多1，差也是一个比一个多1。

生：我也是竖着看的，也发现了这个规律。

师：凡是竖着看，都有这个规律吗？请你再说一说。

生：凡是竖着看，都和第一列的规律是一样的。

（在此基础上，教师接着追问："把得数是8的算式用绿色笔圈起来可以发现什么规律？竖着相邻的两组算式得数有什么关系？横着相邻的两组算式得数有什么关系?"通过不断挖掘,引导学生发现蕴藏其中的规律,渗透函数思想。)

计算是将算式算出结果的过程。在学生的感觉中,算式就是算式,数就是数,一个算式不能理解为一个数。其实,一个算式计算的结果就是一个数,算式可以理解为一个数的另一种表示方式。计算教学蕴含丰富的函数思想,教师要有计划地捕捉、渗透,通过提问和追问来促进学生对计算的理解。在教学中,教师要重视拉长变化过程的体验,使学生不仅知道变化的结果,还知道变化的过程,引导学生在探索变化过程上下功夫,从而进一步强化对函数思想的感悟和体验。

小贴士

> 如果说提问是给学生思考的方向,那么追问就是思维的导火索,一触即发。教师要通过提问了解学生的思维状态,把握学生的思维方向,还要在与学生互动的过程中,抓住生成的资源,通过追问将其放大、点燃,不仅使眼前的提问得以澄清,获得基本的数学理解,而且能够触动学生的思维神经,促使其在不断的追问中得以延伸、发展。

吴老师支招

问题是数学的心脏,要使这颗心脏正常、有力地跳动,就要精心、精确、精准地进行提问。

■ 提问和情境相结合

教师要依据学生的学习现状制定教学目标,创设富于数学味道的生动情境,通过精心提问将学生引入,再跳出情境进行理性的数学思考。问题从情境中来,情境中蕴含着深刻的数学问题。

■ 提问和思维相结合

学生的思维发展具有明显的年龄特征。教师要在关注、尊重学生认知发展的同时,设计精确的数学提问,既让学生易于理解、接受,又能诱发学生的思维。

■ 提问和追问相结合

数学提问出现的时机尤为重要,只有恰到好处才能发挥效应。所以教师要随时洞察学生的学习进程,相机追问,用及时、准确、连续的追问促使思维的火花迸发。

教师每天都与学生经历互动的学习,真正的互动一定是思维上的。提问、追问,再追问、再提问,甚至反问,都需要教师不断地研读课堂、研读学生以获得,都需要教师在不断地对自己提问、追问的情形下进行。

(张鹏宇)

5

课堂教学理答的策略

《课标（2022年版）》强调师生交往、互动和对话，而"提问"与"理答"是实现师生互动的重要手段和重要外显形式。其中，理答是教师重要的课堂教学技能，指在学生回答问题时或回答问题后教师如何回应及采取的方式。教师提问后，面对学生的回答应该如何回应？怎样理答？

策略一：回答中启发诱导

课堂上学生对教师的提问往往出现不同的理解，面对学生的答案，教师需要通过启发、引导，将学生的思维激荡起来，使学生获得更加深刻的理解。

常用的启发诱导语有：

"我想从这个方面解释是不是更好，就是说……"

"我以为从这一点入手也许更方便，你觉得呢？"

"××同学，你的这个想法很有创意，但关键是……问题的解决，你是怎么想的？"

案例及解析

妈妈的年龄怎么表示？

在教学"字母表示数量关系"时，有这样一个问题：妈妈比淘气大26岁。淘气 a 岁时，妈妈的年龄怎样表示呢？教师让学生自己试着表示。

学生独立写出答案：

答案1：a、a。

答案2：a、b。

答案3：a、$a+b$。

答案4：a、$a+26$。

答案1的意思是"淘气 a 岁时，妈妈 a 岁"，这一错误的症结在于：不知道在一个题目里，同一个字母不能表示不同的数；但合理之处在于：淘气和妈妈的年龄都在变化，所以用字母 a 来表示。这么分析下来，每一种表示都有其合理之处。如何将这些不同的思考激荡起来，把思维引向深入呢？

师："淘气 a 岁时，妈妈 a 岁"，这样表示可不可以？

生：不可以，那不就说明淘气和妈妈一样大了？

生：照这么说，淘气 1 岁时，妈妈也是 1 岁。（笑声）

生：刚才老师还说，同一个字母表示相同的数。

师：对，在同一道题目里，相同的字母表示相同的数。看来，再用 a 表示妈妈的年龄就不恰当了。"$a+26$" 和 "$a+b$"，它们都是用含有字母的式子来表示妈妈的年龄。讨论一下，这两种表示合不合适？

生：我觉得这两种表示都可以。

生：我认为这个 b，其实就是 26。

生：我认为，妈妈比淘气大 26 岁，这个 26 是永远都不会变的，所以没必要用 "$a+b$" 表示，用 "$a+26$" 就行了。

师：我们再来比较 "$a+26$" 和 "b"，你们从中能知道些什么信息？

生：我知道了妈妈的年龄可以用 "$a+26$" 这样的算式来表示，也可以用一个字母来表示。

生：从 "$a+26$" 中，我们知道妈妈比淘气大 26 岁。

师：从 "b" 中你看到些什么呢？

生：看不出什么……

师：大家看，"$a+26$" 这个式子既可以表示妈妈的年龄，还可以表示出妈妈比淘气大 26 岁这个关系……

教师对问题的设计是由浅入深、由易到难展开的，学生对知识的学习和思考也是一个逐步深入的过程。本案例体现了学生用字母表示关系的认知层次，从用字母没有表示关系、表示不出关系到既能表示结果又能表示关系的一般化过程，体会用字母表示数量关系的简明性、概括性，发展了学生的符号意识和应用意识，形成初步的代数思维。

小贴士

> 在倾听学生发言时，教师不能轻易地打断他们的思路；当学生思维受阻时，教师不应置之不理，而应进行适当的启发、引导，让学生自己探索答案；当学生的思维方向出现了偏差，教师应及时提醒并给予适当的帮助。

策略二：等待中促进自省

等待、延迟判断是一种重要的理答方式。教师要善于等待，留给学生足够的思考时间。研究表明，当教师把等待时间从 3 秒延长到 5 秒时，就会出现下面一些结果：学生回答问题的时间增加，回答不出问题的情况减少；学生提出更多的问题，主动回答问题的情况增多，自信心会提高。

案例及解析

摆出多少个长方形？

教学"质数合数"时，教师创设了这样一个情境：用小正方形摆长方形。

师：同学们想一下，如果有 12 个小正方形，你能拼出几个不同的长方形？

生：能拼出三个不同的长方形。

师：是怎样的三个呢？

生：长是12、宽是1的，长是6、宽是2的，还有长是4、宽是3的。

师：你们能想象出拼成的这些长方形吗？

生：第一种是把这12个正方形摆成了1排；第二种是每排6个，摆2排；第三种是每排4个，摆3排。

师：同学们，给出的正方形个数越多，拼出的不同的长方形的个数会怎么样？

生：（异口同声）会越多。

师：（装作没听清楚，继续问）给出的正方形的个数越多，拼出的长方形的个数，你们是说——

（同学们清楚、响亮地回答"越多"。此时，教师一声不吭。课堂里一下子安静了，学生认真地思考着。过了一会儿，一些学生高高举起手。）

生：不一定。

师：（故意重复）他说不一定，对吗？

生：（更加坚定而响亮地回答）对！

师：说话得有根据！

（学生的情绪更加激动。）

生：刚才4个正方形能拼成2个不同的长方形，如果用5个正方形只能拼出1个。

在这一过程中，教师并没有提示，只是在安静地等待。学生思考问题的时间增加，他们想问题的角度会丰富一些，回答不出问题的情况就会减少；学生主动回答问题的情况增多，自信心就会增强。

小贴士

"等待"是一种重要的理答策略。这里的等待主要分为两种情况:首先,是对提问后未举手学生的等待,教师提问后要关注大多数学生,要给全体学生留出思考问题的时间。其次,是对回答问题的学生的等待,要给学生留出表达自己想法的时间,即使答错了,这些错误也可能成为教学资源。

策略三:强化中突出重点

重复学生的语言、再一次确认学生的意思,是教师调控课堂对话的两种最明显的策略。这可以促使学生的发言从个体认知的表达转化为全班的共识,这就是强化的力量。

案例及解析

零刻度线在哪儿?

教学"角的度量"时有这样一个环节:教师让学生用量角器测量角,并说明测量方法。

生:(来到台前演示)顶点和量角器的中心对齐。

师:(插言)大家听见了吗?请你再重复一遍好吗?

生:顶点和量角器的中心对齐。

(教师示意该生继续。)

生:把角的一条边和零刻度线对齐。

师：（再次打断学生）又一个对齐，什么对齐呀？

生：（齐答）零刻度线和角的一条边对齐。

生：（继续）另一条边指在120°和130°之间。

师：是多少？

生：125°。

师：我想问问你是怎么看刻度线的，从哪儿确定内圈和外圈。

生：零刻度线。

师：零刻度线在哪儿？

生：内圈。

师：（面对全班学生询问）我们就看内圈的刻度，你们和她的方法一样吗？

（学生几乎都举起了手。）

师：（见此情形，继续问）我们能不能陈述一下刚才的量角方法？第一个对齐的是什么？

生：（齐答）顶点和中心点对齐。

师：第二个对齐呢？

生：（齐答）角的一条边和零刻度线对齐。

师：第三个读数呢？

生：（齐答）看零刻度线是在内圈还是在外圈。

在这一教学过程中，教师根据教学重点对学生的回答多次进行了有针对性的重复和确认，从而使重点得到了强化。

小贴士

> 对于重点和难点知识，教师可以通过重复和确认的方式强化，让全班同学共同思考同一问题，在师生、生生的互动中达成对重、难点的理解。

策略四：转向中扩大参与度

"转向"可以使更多的学生参与到讨论中，使师生一对一的交流变为一对多的交流，也是创设良好的课堂研讨氛围的有效手段。

案例及解析

你们为什么不估8呢？

在教学"平均数"时，吴老师请四位同学用磁珠摆出了3、6、7、4四个数，引导学生观察并估计这四个数的平均数可能是几。学生你一言我一语："5、6、8、……"，声音此起彼伏。

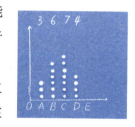

吴老师并不急于给出答案，而是让学生自己独立思考，并写出计算过程。她根据学生计算的结果，在图上五颗磁珠的地方画了一条水平直线，然后转身对估8的那个女孩说："快问问大家为什么不估8呢。"

小女孩不好意思地看向大家："你们怎么不估8呢？"一个男孩理直气壮地说："你想想，最大的数才是7，平均数绝不可能比7还大啊。"

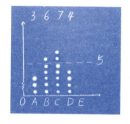

"谁听明白了？"吴老师问。小女孩若有所悟地点点头："我明白了，应该在里面估。"吴老师不禁感叹道："原来平均数在最大数和最小数之间，比最小的数大，比最大的数小，平均数的'家'是有范围的。"

随着讨论的深入，吴老师将表现的机会留给那些沉默的学生，请他们到黑板前将磁扣自然移动，体会在"移多补少"的过程中得到平均数。

同学们步步紧随，而吴老师的问题也接踵而来："假如 E 是 20，平均数会有什么变化？""会拉高。""假如 E 是 1，平均数又会有什么变化？"吴老师继续追问。"会拉低。"随着学生的回答，吴老师比画着："看来每增加一个新数，都会对'平均数'产生影响。此时的你们，对'平均数'又有什么新感觉？"学生思索后说："'平均数'会变。""'平均数'容易上下波动。"……

吴老师不断捕捉学生的思考，又适时地谈到她在《社会与法》栏目中给警官们做评委的事，并提出了自己的疑问："每一次评委们亮分的时候，主持人总会说：'去掉一个最高分，去掉一个最低分。'这是为什么？"

估一估的活动，用数形结合的形式展示出估的结果，让儿童更直观地认识到平均数介于一组数据的最大值与最小值之间；评委的生动例子帮助儿童认识平均数的敏感性——易受极端数据的影响而变化。两个巧妙的活动，没有复杂的设计，都在层层对话中吸引所有儿童的参与，随着对话的深入，儿童更加深入地感悟平均数的特点，对于平均数的认识也更加全面、立体、丰富。

教师欲擒故纵，用"谁听明白了""又有什么新感觉"等措辞，进行了问题的转向，引发了学生的思考。

小贴士

> 正确地使用"转向"技术，就需要把同一问题再次抛给其他学生，引发更多学生深层次的数学思考，充分暴露思维过程，学生的数学素养得以培育，解决问题的能力得到发展。

吴老师支招

"理答"是一项教学技能，是一种外显的行为。它从一个侧面反映出教师的教学观念、教学技能、教学智慧。更新我们的教学观念，加强我们对数学学科及教材的认识和把握，是不断提升我们的教学智慧，提高自己的语言素养及与学生和谐沟通、交流的能力的前提。

■ 善于倾听，读懂学生

要想科学理答，首先要耐心倾听学生的发言，用心感悟学生的精彩、困惑、疑问，准确把握学生的思维现状。为此，教师要建立民主、平等、宽容的课堂氛围，要关注学生的发言。理答时要杜绝错误理答和不理答现象。

■ 合理筛选，有效理答

教师对学生的作答要进行合理的筛选，或放大把问题引向深入，或缩小对问题进行简单处理，从而使理答紧紧围绕教学目标有针对性地展开。面对学生稚嫩或不完整的发言，教师要适时采用追问或问题转向的理答方式，引发学生深入思考。

■ 长期积累，寻找规律

理答的方法是有规律可循的，什么时候选择等待，什么时候需要重复确认，都需要教师善于积累，做有心人，不断掌握科学理答的方法。

（张岭）

6
利用儿童经验的策略

> 经验是儿童数学学习的前提、基础和重要资源，是保证数学学习质量的重要条件，同时，有效的数学学习也是一个促进学生经验应用、提炼和再积累的过程。数学学习就是在调动已有的经验、发现和研究新问题的过程中，获得新的经验积累，进而不断深化的良性探索过程。儿童有与生俱来的"内在潜能"，这种潜能是积极的、活动的、发展的，具有无穷无尽的力量。吴老师认为，教育的任务就是激发和促进儿童"内在潜能"的发挥，并使之循着自己的规律获得自然的、自由的发展。

策略一：回归生活，激活经验

吴老师的课堂因为尊重了儿童的经验，把有营养的数学烹调成适合孩子口味的数学，从而使得数学成为孩子们爱学、能学而且乐学的数学。

案例及解析

相对、相距和相遇

进行"相遇问题"的教学时，为了帮助学生理解数量关系，吴老师请一位同学走上讲台，让他走几步，引出速度、时间、路程三个量。

师：你1分钟大约走多少米？

生：我1分钟大约走100米。

师：1分钟所走的100米，谁能给它起个名字？

生：速度。

师：好。假如你走了10分钟，共走多少米？

生：共走了1000米。

师：100、10、1000在数学上都是有名字的，它们分别叫什么？

生：每分钟走的100米是速度，走的10分钟是时间，1000米是走过的路程。

师：你是怎样计算的？

生：求10个100是多少。100×10＝1000（米）。

师：也就是速度乘时间等于路程。这位同学一走，就走出了一个重要的数量关系式，这是我们过去学习的知识——速度乘时间等于路程。今天我们就研究与速度、时间、路程三者有关的问题。有这样几个词，"同时""相对""相距""相遇"，你能用动作表演出来吗？

[教师又请一位同学走上讲台。两个人分别从不同方向（东—西）往中间走，体现了同时和相对；在走的过程中，两个人之间的距离就是相距，它随着走的步数的增加会越来越近，碰到一起就是相遇。]

短短的 3 分钟，学生兴趣盎然，唤起了已有的经验，进一步理解了"速度、时间、路程"的关系。吴老师创设了一个看似随意却又非常用心的活动——走路，把抽象的概念让学生在习以为常的走路中自然渗透。这里的走路就是模拟操作的策略，体现了基于学生动作思维的认知特点，唤醒了学生的经验。学生理解了行程问题中最基本的数量关系，将数学问题返回生活，找到原型，为进一步学习行程问题提供了表象支撑。

年、月、日

在教学"年、月、日"中，学生已经知道了平年、闰年、年、月、日的知识，清楚了年、月、日三个时间单位之间的换算，如平年是 365 天、闰年是 366 天，1 年就是 12 个月，哪些是大月、小月，大月的天数和小月的天数等。吴老师并没有满足于此，而是关注提取学生的生活经验，请学生用生活中经历的一些事情，描述一下一年、一月、一日有多长。

生：今年春节到明年再过春节是一年。

生：今年 5 月 7 日是我的生日，到明年的 5 月 7 日，我长大了一岁，也就是又过了一年。

生：去年 9 月 1 日我升入三年级，到今年的 9 月 1 日，过了一年，我就该上四年级了。

生：我爸爸这个月发工资到下个月再发工资就是一个月。

生：从 7 月 1 日党的生日到下个月的 8 月 1 日建军节就是一个月。

生：从今天中午 12 时到明天中午 12 时，经过了 24 小时，就是一日。

生：今天这时到明天这时就是一日。

……

课堂上，同学们七嘴八舌地说着、笑着，回味着生活的经历，初步体会了年、月、日的时间概念。

学习年、月、日这样的内容时不像学习时、分、秒，教师不可能让学生现场体验。但是吴老师通过精心的设计，将学生隐藏于内心深处的各种体验调动出来，这样学生对新知的理解就会变得更加容易，感悟就会更加深刻，从而培养了学生的量感。像常见的量、几何的量都是培养量感很好的素材。什么是量感？量感是《课标（2022年版）》中新增加的一个核心概念，主要是指对事物的可测量属性及大小关系的直观感知。其内涵是知道度量的意义，能够理解统一度量单位的必要性；会对真实情境选择合适的度量单位进行度量，会在同一度量方法下进行不同单位的换算；初步感受度量工具和方法引起的误差，能合理得到或估计度量的结果。建立量感有助于养成用定量的方法认识和解决问题的习惯，是形成抽象能力和数学应用意识的经验基础。

小贴士

> 小学生在日常生活中有很多活动体验，如何从中选取和所学内容密切相关的切入点是非常重要的。教师应善于从学生不经意的生活中找到适合学生的素材，让学生描述、表演，把静态的知识动态化，让抽象的概念形象化，为学习和巩固新知识找到准确的契合点。

策略二：回到起点，对接经验

对小学生来说，数学学习在一定程度上需要处理好"昨天、今天和明天"的关系，了解自己已经学了什么，找准今天学习的认知起点，为明天的学习做好铺垫。这是学生从已知出发，把新旧知识巧妙对接，进而类比和迁移的过程。

案例及解析

怎样搭配？

教学"搭配问题"时，研究完两件上衣和三条裤子的搭配问题后，吴老师变换了新情境，让所学知识与新情境对接，这个过程是类比的过程。

师：刚才我们一起研究了"穿衣"的问题，能不能把它变成"吃饭"的问题呢？我们把上衣换成豆浆、牛奶，把裤子换成包子、面包、蒸饺。一种主食和一种副食搭配，有多少种不同的吃法？

生：还是六种。衣服换成了吃饭，一个稀的配一个干的，同样的道理。

师：吃饭的问题没难住你们，你们还想研究点什么？

生：走路的问题行吗？

生：换汤不换药。

师：什么意思呀？快给大家说一说。

生：这两道题表面上看不一样，但是道理一样。

师：真是一个会学习的孩子！从表面现象看到了问题的本质。

师：张小东同学每天都要路过一个图书馆，我们用字母 A 来表示小东同学的家，用字母 B 来表示学校。从家到图书馆有三条路，这三条路可以怎样表示？

生：可以用 1、2、3 来表示。（师标注）

师：从图书馆到学校也有三条路，可以怎样表示？

生：可以用 4、5、6 表示。

生：用 4、5、6 表示不好，不容易与前面的路区分，可以用 a、b、c 表示。

吴老师让学生用自己的方法进行表达，适时引导学生之间的交流，进而将问题扩展到走路，将表示方法简化为 1、2、3 和 a、b、c。搭配问题是一个乘法模型。吴老师从衣服的搭配入手，扩展到吃饭、走路，在这一连串常见的生活事件中，学生悟出了"换汤不换药"，也就是"变中不变"的思想，透过现象看到了问题的本质。这样的过程沟通了所学知识与现实生活的联系，也是初步的模型意识形成的过程，渗透了数学的基本思想。除此之外，教师还不断唤醒学生的符号意识，让学生体会到了符号的价值。

小贴士

> 经验的建立和运用是一个动态的、不断积累的、不断调整和丰富发展的过程，这也是人的内在素质和能力提高的过程。这个过程仅仅停留在模仿阶段是不能实现的。任何学习都是在先前经验基础上的主动建构，这种建构的结果又会带来经验系统的变化，在这种螺旋上升的发展过程中，学生的经验得以进一步诠释和应用，学习的质量也进一步提高。

策略三：反思梳理，提升经验

经验既指体验的结果，也指体验的过程；既指体验着的事物，也指体验着的感受；既是一种直观体验，也是一种思维和反思。经验是实践与认识相统一的过程，是连续互动的过程，是在情境中理性思维的过程。经验自身在这种动态的过程中不断得以积累、提升。

案例及解析

解决问题之后

这是一节"解决实际问题"的练习课。

师：问题解决了，我们回顾一下今天学习的知识和过去的有什么不同？

生：过去的是一步题，今天学的是两步题。

生：过去的两个数都是直接告诉我们的，今天有一个数"藏"了起来。

师：你们发现了知识上有不同，那么在学习方法上你发现了什么？可以用什么方法解决问题呢？

生：通过画图来解决。

（教师采访刚才画实物图的学生：如果遇到大数，该怎么画？）

生：可以画简单一点的图，用一个简单的符号表示就可以了。

师：你很会欣赏别人，也很会修正自己。

师：这个问题解决了，我们回顾一下解决问题的过程。

（引导学生一步一步地总结）

（1）先看清题目说的是什么事，求什么问题，弄懂题意。

（2）再想想先怎么做，接着怎么做，也就是做好解题的计划。

（3）解决问题，按计划实施。

（4）回头看，进行回顾整理、反思、总结。

重复意味着重要。教师在回顾环节引导学生总结解决问题的步骤，这四步正是波利亚解题的四步解题法，其中我们常常忽略的是"回头看"这一环节。这里的"回头看"除了包括检验，还包括反思、调整、总结和提升，是进一步形成新经验的重要过程。

小贴士

> 儿童的经验是一个不断积累的过程，他们已有的经验是学习的起点和基础，对教学内容的理解依赖于他们已有的认知水平。儿童的学习过程是一个经验的激活、利用、调整、提升的过程，他们利用自己的经验对数学现象进行"解读"。

吴老师支招

尊重和承认"儿童的生活经验是数学学习的重要资源"，可以有效地促进儿童学习方式的改变。对儿童已有的生活经验进行正确分析，可以准确地把握学生学习的起点。

■ **利用经验，把握认知起点**

教师要善于捕捉、有效唤醒学生的生活经验，以形成数学概念和数学理解，积淀为后续学习的数学经验；教师要有效地利用这些经验，激活学生的思维，找到学生认知的起点。

■ **类比经验，直面学生现实**

对学生已有的经验进行类比、澄清与完善，使生活经验和数学经验在对接中相辅相成，可以让抽象的知识变得更易于理解。

■ **反思经验，积累活动经验**

丰富的生活经验是儿童学习数学的前提、基础和重要资源。教学中要注重提升学生的基本数学活动经验，通过引导学生回头看，渗透基本的数学思想和方法。

（张秋爽　王丽华）

7
利用错误资源的策略

> 课堂上学生经常出错，错误为学生的成长提供了契机。出错是学生的权利，帮助学生有效利用错误资源则是教师的义务。在排除一个个错误结论之后，正确答案便呼之欲出。那么，如何让学生享受这个"去伪存真"的过程？如何乐于、善于运用学生的错误资源，让学生增长知识、形成智慧呢？

策略一：容错，等待花开

当学生出现错误时，教师应引导学生进行评价、分析，让学生从错误中吸取经验，把"错误"向"资源"转变。过度地防错、避错，大大缩小了学生扩展认知的范围，使学生失去了矫正错误和有新发现的快乐。

案例及解析

多少张门票？

在教学"平均数"时，吴老师出示了某一年五一期间国家自然博物馆售出门票统计图，然后让学生估计一下：五一期间平均每天售出门票多少张？学生众说纷纭："1000 张""1100 张""900 张""2000 张"……

面对这种情况，吴老师适时引导学生："请你用自己喜欢的方法验证一下。"

学生经过验证后，争先恐后地展示方法。

方法 1：把 1300 张中的 300 张移到 700 张上去，把 1100 张中的 100 张移到 900 张上去，这样每天售出的门票数量都是 1000 张。

方法 2：用计算的方法，$(1100 + 1300 + 1000 + 900 + 700) \div 5 = 1000$（张）。

此时，吴老师来到估计为"2000 张"的小男孩面前，说："请你看看同学们是怎么估计的，好吗？"

小男孩认真地听取同学的解释："五一期间售出门票最多的是 1300 张，最低的是 700 张，所以平均数肯定是 700～1300。看到图中的数据大多和 1000 比较接近，所以我就估计是 1000 张。"

之后，吴老师摸着小男孩的头说："听了同学的发言，你有什么感受？"

小男孩不好意思地摇摇头："人家估计的都在里边，我估计到外边去了。"

吴老师高兴地说:"我非常佩服你!虽然你第一次估计到'外边'去了(有意识地用了儿童的语言),但是你却学会了和同学交流意见,还能接纳别人的建议,修正自己的认识,这是多好的学习方法呀!谢谢,你让我们都学会了学习。"

吴老师尊重每位学生的意见,给予他们积极的评价引导,让学生在倾听、思考、提问、评价中,学会学习、借鉴和修订自我认知。一个"外边",表现出教师对学生认知的理解。教师接纳学生的错误,协助他们突围,不仅维护了学生的自尊,还帮他们树立了信心;既尊重了学生的不同见解,也很好地引导了学生思考。

小贴士

> 学生在学习中产生不同意见非常正常,关键在于教师如何接纳、利用和引导。教师要发自内心地欣赏、尊重学生,包括他们犯的"错误",因为这是学生真实思维的呈现,其中蕴藏着巨大的潜能。给学生一些等待,给学生一些引导,给学生一些发现自我的机会,让这些资源变成学生发展的正能量。记住,教育需要尊重、理解,更需要等待。

策略二:试错,诱导明理

最好的学习就是在错误中学习。错误可以促进学生的探究性学习,让学生经历错误、认识错误、纠正错误,才可能更好地防止错误。有些错误可以引起我们的思考,那么,怎样让错误变得有价值呢?

 **案例及解析**

眼睛欺骗了我们

在教学"三角形三边关系"时,教师在学生自主活动的基础上,故意制造错误让学生尝试:把 16 厘米的线段剪成 5 厘米、3 厘米、8 厘米,能不能围成一个三角形?

多数学生不假思考地大声喊:"能!"

教师非常认真地问:"能吗?还是让我们亲自尝试一下吧!"

一位跃跃欲试的同学怎么也围不成,不禁有些犹豫。

下面的同学也有些着急,纷纷支招:"再往下按按就成了!"见此情景,教师马上对一位支招的同学说:"你快来帮帮他。"小男孩立即跑上来帮忙,终于看似接上了,他松了一口气。

这时教师用实物投影放大看似围成的三角形,问同学们:"你们看到了什么?有什么想说的吗?"

一男生说:"这三条线段根本围不成三角形,您看,3+5=8,8 和 8 重合了,围不成三角形的。"

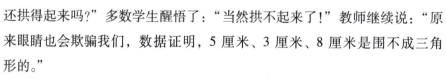

教师仿佛恍然大悟,一边自言自语地重复,一边用两臂比画着说:"5 加 3 得 8,8 和 8 相等,那还拱得起来吗?"多数学生醒悟了:"当然拱不起来了!"教师继续说:"原来眼睛也会欺骗我们,数据证明,5 厘米、3 厘米、8 厘米是围不成三角形的。"

"两边之和等于第三边,围不成三角形"是教学的难点。学生在尝试错误的过程中自己发现、自己判断,不断思考、讨论,在现实面前学会透过现象思考数学的本质。这种在错误中反思,在反思中探究,在探究中最终发现的数学学习经历,是形成正确认识的重要途径。

小贴士

教师有意制造一些错误,目的是让学生在经历错误的过程中体会正确认知的形成过程,让学生学会辨析,学会比较与判断,引导学生透过现象看本质,在修正已有认知、克服某些经验负迁移、克服某些思维定势的过程中,将实践与数学原理很好地结合起来。

策略三:纠错,引辩悟道

教师怎样才能在教学内容和学生求知的心理之间创造一种"不协调",激发学生的探究欲望,使学生真正参与知识的形成过程,从而培养学生的探索精神和创造能力呢?不妨像吴老师那样,抓住学生学习进程中的"错误的发生地",将学习中的盲点和死角变成教学中的亮点和广角。

案例及解析

没错,就是没算完

在进行"小数四则运算"练习时,出现了这样一道题:有两摞同样的纸。第一摞500张,厚4.7厘米;第二摞厚7.05厘米,有多少张?

学生1给出了这样的列式和答案:7.05 - 4.7 = 2.35。

还没等老师做出评价,原本安静的教室有些乱了,学生纷纷发出"错了,错了"的回应。

学生1的脸腾地红了,不安地望着老师。老师回头看看黑板上的答案,心里一动,故作泰然地对着学生1说:"孩子,你没错。就是没有算完。"

"没算完?"学生一片疑惑,愣愣地,露出不解的样子。

老师说:"可不是没算完吗?不信,你们看看黑板上的图,2.35 表示什么?"

学生把目光投向"两摞纸"的示意图,发现 2.35 表示的是第二摞比第一摞多出来的部分。

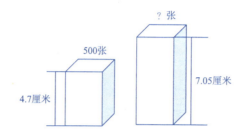

"没错!善于观察的同学们,你们没发现 2.35 和 4.7 还有什么关系吗?"

"2.35 是 4.7 的一半!"学生发现了。立刻有学生接着说:"我知道了,第二摞比第一摞多一半,就是多 250 张,所以第二摞有 750 张。"

"可是为什么第二摞比第一摞多一半就是多 250 张呢?"有些同学发出了新的疑问。

"因为题中说是同样的纸啊!2.35 是 4.7 的一半,厚度多一半,所以纸也多一半!"学生解释道。

原本疑惑的学生恍然大悟了。

教师继续启发大家:"我们找到了如此巧妙的方法,想一想这种方法是怎样获得的。"

学生把善意的目光投向了"出错"的学生 1。再看此时的学生 1,没有了紧张和不安,脸上流露出自信和喜悦……

学生在发现、分析、解决问题的过程中会产生不同的认知偏差或者失误。这些"偏差和失误"都有可能成为突破认知困惑的契机。所以课堂上出现错误并不可怕,真正可怕的是教师恨错误、躲错误,学生怕错误、瞒错误,师生被错误隔成两条永不相交的平行线,在课堂中没有思维碰撞、心灵沟通，使课堂完全失去了生命力。在这里，教师巧妙地利用学生的错误，在心平气和的接受中发现"错误背后的资源"，发现另类的价值。

小贴士

> 学生在"纠错"的过程中比较、判断、思考，甚至引发争议，最终能够正确地理解和把握数学知识的本质。每个多向的互动课堂都有可能出现"意外"——新的生成。这来自师生、生生的思维碰撞，来自学生的直觉表现，它可能是资源，也可能是障碍，更可能是机遇与挑战。

策略四：借错，悟中求实

教师要学会智慧地把学生课堂上的错误放大、再放大，不急于否定，让学生充分暴露自己的观点，在"光天化日"之下，将错误的原因——昭示，对错误认识得越深刻、越全面，越能促进对概念的理解。

案例及解析

能围成三角形吗？

教学"三角形三边关系"后，教师出示了这样一道题：2、3、8这三条线段能不能围成三角形？学生很快就回答不能。教师听后话锋一转："这三条线段不能围成三角形，是因为2厘米太短了，现在老师把它换成x，想象一下，x 是多少的时候就能围成三角形了?"

这时，有同学随口说出"比 5 大就成"。

教师很肯定地说道："好！那我们就数一数都有哪些比 5 大的数。"学生数："6、7、8、9、10、11、12、13……"

忽然出现了一个不同的声音："老师，x 不能比 10 大！"接着传来另一个声音："不能大于 11。"教师诧异地问："哎，11 加 3 不是大于 8 吗？怎么不成了？他说不能大于 10，你说不能大于 11，怎么回事啊？"

说不能大于 11 的学生理直气壮地说："当 x 不断变大，超过 8 时，3 加 8 就得比 x 大。当 x 是 10 时，$3+8=11$，比 10 大，可以。"

说不能大于 10 的学生不服气地说："我说的是不能大于 10。"

教师引导他们："你们举个例子来说明一下，让大家听听看。"

"不大于 11"的学生说："$x=10.9$ 行不行啊?""不大于 10"的学生小声地嘟囔："$3+8=11$，大于 10.9，可以。"

教师启发大家："噢，原来 x 是会变的，不断变大，它摇身变成了长边，这时候我们考虑问题就要换个角度了。那么，这个 x 究竟有没有限制？应该怎样限制呢？"

受思维习惯影响，学生经常会不深入思考就得出结论。教师在教学时应抓住错误引发学生的争议，引导学生全面比较，因条件的变化，辩出其所以然。

小贴士

因"错"制宜，充分利用错误中合理的、可利用的因素，给学生创设良好的思维空间，引导学生多角度、全方位地审视条件、问题、结论之间的内在联系，是深化认识、培养学生创造性思维的有效办法。要让学生通过"将错就错"的学习体验，对自己的认识进行回顾和分析，从而既激发思维，又做到让意外殊途同归，实现有效引导。

吴老师支招

当课堂上出现这样或那样的问题时，教师的处理方式直接影响着学生的学习进程，教师要及时抓住这些资源并"化腐朽为神奇"。

■ 要将学生的错误视为资源

教学中教师应该"把儿童当儿童看"，真诚地和学生站在一起，友善地走进他们的心灵，宽容地接纳学生所犯的一切错误。要知道犯错误是学生的权利，是学生进步的关键阶段，一定要善待错误、善待学生，并且将错误视为资源。

■ 学习就是一个"试误"的过程

在行为主义学习理论中，现代教育心理学的奠基人桑代克的"尝试错误说"颇有影响。他所做的"饿猫开迷笼"实验非常经典。实验中的小猫通过不断尝试、犯错，最终学会了开启笼门。教师应有意地给学生犯错误的机会，让学生在经历错误的过程中认识错误，将错误转变成进步的阶梯，积累成功的经验。

■ 要寻找错误的运行轨迹

学生学习进程中的错误点出现在哪里？走向哪里？为什么具有这样的轨迹？这些都是教师必须寻找的。教师要针对学生的错误点，遵循学生的认知规律和运用知识形成的规律，选择恰当的方式加以引导，这样才能把握学生出错的位置和轨迹。

静静地等候，适时地引导，将错误作为有效的资源，使之成为学习的重要组成部分。为此，教师应当从学生暴露和呈现错误开始，捕捉其错误思想的运行轨迹，摸清源头，对症下药，机智、灵活地引导学生从正反两方面修正错误，训练学生思维的批判性、灵活性和创造性。

（王敏）

8
课堂机敏应变的策略

> 在课堂教学中,学生往往会产生富有个性的见解,使课堂教学充满变数。此时,作为教学组织者、引导者,教师既不能熟视无睹、无动于衷,也不能敷衍了事。那么,在教学中教师应如何机敏地应对课堂上的变数,成就学生的精彩呢?

策略一：直面问题，情理交融

教学中经常有学生在学习了新知识之后依然对其不认可、不接受。这时如果教师只是简单地重复讲解或直接劝导，很难真正解决学生的困惑。直面问题，让学生亲身体验问题的解决过程，注重情与理的沟通，才能实现学生认识上的自我转变。

案例及解析

"白开水"变成"茅台酒"

在"认识小括号"的教学中，吴老师出示了这样一道题：李师傅上午工作4小时，下午工作3小时，平均每小时做12个零件，李师傅一天一共做了多少个零件？（要求列综合算式解答）

很多学生都用 $12×(3+4)$ 的办法解决了，也初步接受了小括号。不料，一个小男孩向吴老师发起了"挑战"："我认为小括号没什么了不起的，没有它的存在，照样可以解决问题。"他边说边在黑板上写下算式：$12×3+12×4$。吴老师肯定了他的做法，同时试图说服他接受小括号，可他却撂下一句话："反正我不喜欢小括号。"

面对偶发事件，吴老师沉思片刻，看到讲台上摆放着许多学生为灾区捐献的图书，计上心来。"王红同学积极支援灾区，她有92本课外读物，自己留下32本后把剩下的书送给了5个小朋友，平均每个小朋友得到几本？请列综合算式解答。"吴老师出完题目后"故意"让那个小男孩上前板演。

小男孩边写边不好意思地说："我在算式中画了一个小括号，表示先求92与32的差，最后再除以5。"吴老师不慌不忙地将了他一军："这个小括号有什么了不起，不写它不是也可以解决问题吗？"小男孩急了："这个小括号非写不可,不然就得先算 32÷5 这步了,不符合题目要求。"旁边的同学说:"你现在是不是和我们一样喜欢上小括号了?"他不好意思地说了一句:"小括号挺好的!"

吴老师就是这样灵活地抓住契机,恰到好处地引导学生自己去发现小括号的作用。

小贴士

> 教学中偶尔出现的学生不认可、不接受新知识的现象是正常的,教师不必刻意回避、躲闪。把学生在课堂上自然产生的真实体验作为真问题,从问题出发,注重情与理的沟通,才能让学生心悦诚服。

策略二:顺应思维,巧妙引导

真实、自然的课堂,能够使学生们积极地参与其中,主动思考。有时他们会灵机一动,脱离教师的约束,别出心裁地努力表现自己的与众不同,因为他们希望得到同学们的赞赏和教师的表扬。其实,这正是孩子们真正投入数学思考的良好状态。教师应小心呵护,并恰当地做出善意的、有意义的引导。

案例及解析

"我还有一个不同的方法呢!"

在"三角形内角和"的教学过程中,学生借助"量、撕、折"等实践活动，亲身经历了从猜想到验证的数学思考过程，顺利地概括出"三角形内角和等于180°"。而后，教师引导学生思考多边形的内角和。

师：利用我们刚刚对三角形内角和的认识和了解，你能确定任意一个四边形的内角和是多少吗？和你的同桌一起讨论一下。

生：（讨论后）这个问题一点儿也不难。例如长方形和正方形，因为正好是四个直角，所以内角和肯定是360°。

生：我们组想出了一个好办法。是这样的（边说边画出图1）。这样就把一个四边形分成了两个三角形，一个三角形的内角和是180°，那么四边形的内角和就是360°。

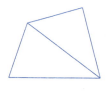

图1

（大家都对发言的同学投去了赞许的目光，有几个小家伙还鼓起了掌。）

师：好极了。按照这样的思路，任意一个五边形的内角和又该是多少呢？

生：按刚才××的方法，还可以这样（边画出图2边说）。画出两条线，这样就分出了3个三角形，五边形的内角和也就是3个180°，一共是540°。

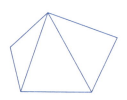

图2

（掌声再次响起，发言的同学骄傲地回到座位上。还没等老师发言，一个小男孩高高举起了手："我还有一个不同的方法呢！"）

师：好呀，别着急，欢迎你到前面来给大家说一说！

生：我和他的方法有点不一样（说着画出了图3）。我的结果是5个180°，一共是900°。

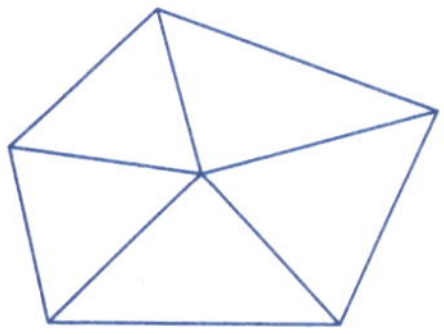

（话音未落，其他学生自发地评价起来："不对，他的方法肯定不对！应该是540°，他的结果错了！""瞎逞能，这怎么能算对呢？"在大家的评价声中，小男孩窘迫得不知所措。）

图3

师：看来，他的想法引起了大家的争议。有问题不怕，也别忙着否定别人，重要的是我们一起进行深入思考。他的方法真的不行吗？

（教师简短的话让喧闹的课堂静了下来，大家一起观察、讨论。）

师：他的想法确实和刚才的方法有点不同，结果也多了好多。为什么会这样呢？多在哪儿了？（看向小男孩）能解决吗？

生：（稍稍凝视了图形之后，一拍脑袋，激动地跳起来）哦，我知道了！减去中间多出来的360°就行了。

师：那好，还是你来给大家讲讲吧。（转身对大家说）解铃还需系铃人，咱们一起再听听他思考后的办法吧。

（听了小男孩的讲述之后，孩子们对他报以热烈的掌声，课堂上洋溢着成功感。）

教师充满尊重和理解的语言向学生们传递着真诚的爱。对学生充满个性的思考，教师没有急于肯定或否定，而是针对实际问题对关键处进行点拨和引导。这种真情流动，不仅让学生的思维走向深入，在认知上获得充分发展，而且让学生学会了自主思考，感受着创造的乐趣。

小贴士

> 面对课堂上孩子充满个性的看法，教师应小心呵护，顺其自然，理性面对，不必急于提出肯定或否定的意见，应抓住问题的关键所在对学生进行必要的引导，从而有效促进学生进行深层次的数学思考。

策略三：面向全体，探寻本质

开放的课堂为学生提供了广阔的思维空间，面对新问题，学生往往会基于自己的理解从不同角度进行思考。而思考的结果很可能与教师的预设出现偏差，甚至产生偏离教学目标的危机。其实，这往往也是学生认知的困惑点。将来自学生的真实问题返还给全体学生，进一步开展讨论、交流，教师可以以不变应万变，让学生在研究问题的过程中解惑，在解惑的过程中获得知识、发展能力。

案例及解析

真的是这样吗？

在教学"商不变的性质"时，思考"猴王分桃"的故事之后，吴老师继续引导学生对商等于2的算式广泛举例，并寻求编题中的窍门。在学生们的促成下，大家按"被除数、除数同时乘一个数和同时除以一个数"的不同想法，把算式有序地分成两类。

"这么多算式，商都等于2，你有什么有价值的发现？能用比较简单的语言表达出来吗？"吴老师富有挑战性的问题，把大家的思考聚焦在一起。

"我说，"一位小队长勇敢地站起来，"我通过研究发现：在这几个算式里，被除数变大，除数也跟着变大，商不变；被除数变小，除数也变小，商也不变。"

吴老师把他的话板书下来，若有所思地看着黑板上的算式自言自语："他说的很有道理呀！真的是这样吗？"既肯定却又半信半疑的话语，再一次把学生带入了沉思中。"咦，怎么被除数和除数同时加一个数也是同时变大，商就变了呢？"受邻组同学的启发，另一个组对"减去一个数"进行验证，也发现了问题。

最终，在大家不断地补充、修改和完善下，一个小女孩有理有据地对问题进行了分析和解释，大家也都对"商不变的性质"有了准确的认识。

有些教师可能也常用这样的教学方法，但是否做到了像吴老师的课堂这样妙趣横生呢？

个性问题的产生看似将学生引向歧路，其实，问题往往是学生在认识过程中产生的普遍困惑。教师准确把握学生的个性思维，使之成为大家共同思考的核心问题，"一石激起千层浪"，自然会将学生的思维引向深入。

小贴士

> 好的教学方法只是教学成功的一部分原因。教师要充分信任、尊重学生，要把学习的主动权交给学生。问题和困惑源于学生，也应还给学生。有时，个性问题的产生往往具有普遍性，让个体问题在面向全体的过程中得以解决，才有利于真正实现全体学生的共同发展。

吴老师支招

教师要精心预设，为可能在学习中自然生成的资源搭建平台，给生成以着陆之机。怎样迎接那些实则珍贵、不期而至的课堂生成呢？

■ 直面问题，情理交融

不要简单地站在教师的角度设计教学，而要换个角度看待学生在课堂上出现的"意外"。每一次"意外"都是机会，是产生新认知、形成新思想的契机。教师应当谨慎地接纳"意外"，让"意外"成为学生学习的资源。直面问题，情理交融，把对学生真诚的尊重落实到行动中。

■ 顺应思维，巧妙引导

对于课堂上出现的"意外"，教师不能无动于衷、敷衍塞责，要透过问题的现象抓住其本质，把握可挖掘的因素，在问题的关键处点拨，让学生的思维不断走向深入。

■ **善于思考，注重积累**

　　课堂上真情的互动与充满智慧的交流，源于教师对数学本质、学生特质的深度了解和整体把握。教师在教学实践中，要注重对出现的意外事件、特色事件等进行分析、归类，特别是对其中蕴含的数学思想、教育思想、教育本质不断研究和积累，聚焦有待探索的问题，进行进一步的实践探索。

（赵震）

9
设计探究性活动的策略

　　基础教育课程改革大力倡导学习方式的变革，而促进学生开展探究性学习活动是学习方式变革的重要内容。探究性学习活动使小学数学教学焕发了活力，教师精心创设情境，引发学生的认知冲突，激发其探索欲望，并通过观察、实验、讨论等活动对学习活动进行发现、检验和证明。在这个过程中，学生不仅学到书本知识，更感受到数学学习和科学研究的策略、技能与方法，获得了学习成功的快乐体验，增强了求知欲和自信心，身心得到全面发展。那么，如何有效地引导学生开展探究性学习活动？在组织、设计方面有哪些值得借鉴的实践经验？

策略一：探究材料要准备

探究材料是学生进行探究活动的重要组成部分。这些材料会直接影响探究活动的效率和效益。由于受年龄特点的影响，小学生的探究材料一定要便于学生操作，便于他们发现其中所蕴含的数学知识，从而有效促进目标的达成。

案例及解析

不一般的小棒

吴老师曾经执教的"认识三角形"，给人留下印象深刻的是学具的设计。上课时，吴老师利用投影出示了5根长度分别为5厘米、8厘米、10厘米、13厘米、18厘米的小棒，然后提出问题："你们能用小棒摆三角形吗？"学生异口同声地说"能"。吴老师面带微笑地说："一定能吗？现在我们就来试一试。"然后出示了学习活动要求：

（1）合作探究，每摆一次，就记录一次。

（2）说一说，你是怎么摆成三角形的？什么样的图形是三角形？

本案例中，学习材料的价值不在于材料本身，而在于小棒长度是精心设计的。小棒的根数不多，便于操作，利于探究，而且这几个长度在学生围三角形时各种情况都能出现，特别是5厘米、8厘米和13厘米，这三根起到了突破易错点的作用。通过操作这样的学具，学生明白了三角形三边之间的关系。

小贴士

探究材料的准备是教师设计探究性学习活动的重要内容。探究材料本身要有利于学生操作,有利于学生探索、发现。很多教师为了让学生更好地进行探究性活动,课前花费了很长时间准备,对此很多人质疑:这样做有必要吗?如果确实能够更好地促进学生学习,就是有必要的!

策略二:探究内容要筛选

如何激发学生探究的兴趣和动机,是探究性学习首先要考虑的问题。恰当的探究内容会使学生把注意力集中到学习任务中去。小学数学中有些内容适合让学生探究,有些内容不适合,而且不可能每一节课都开展探究性学习活动。吴老师在教学设计时会详细分析知识的特点、前后联系等,然后选择合适的教学方式。

案例及解析

魔盒的秘密

师:同学们喜欢看魔术表演吗?今天老师给大家带来了一个神奇的魔盒,我们要利用它变一个魔术,看谁能最先发现魔盒的秘密。魔术怎么变呢?我们从左侧往魔盒里输入一个数,经过魔盒加工,从它的右侧就能输出另一个数。(板书:输入 输出)为了便于观察和思考,咱们一边变魔术一边记录。

老师先变一次：输入2，输出12。

师：请大家说一个两位数。（生：输入23）魔盒输出33。

师：再变一次。请大家再说一个数。（生：输入58）请大家先猜猜输出的数会是多少，然后悄悄地把它写在记录单上。

师：都有谁猜对了？（绝大多数学生举手）每次输入的数和输出的数都不一样，你怎么就想到这次会输出68？

生：因为我发现每次输入的数和输出的数都相差10。

生：我先看第一组，输出的12比输入的2大10，相差10；再看第二组，输出的33比输入的23也大10。所以这次输出的数也应该比58大10。

师：咱们发现的规律对吗？

（教师引导学生再输入几个数进行验证。）

师：（总结）你们确实找到了魔盒的秘密！利用输出的数总比输入的数大10的关系，只要知道输入的数，就一定能知道和它相对应的输出的数，对吗？魔术这样变下去，一组组具体的数字永远写不完。我们能不能用一种简明概括的方法把所有输入的数都表示出来，同时表示出和它相对应的输出的数？如果你有了想法，请写在纸上。

教师巧妙地设计了魔盒的游戏，在探究过程中不仅激发了学生的学习兴趣，还让学生深刻感受到输出数与输入数的变化关系。在探索规律的时候，教师给学生充分的空间让学生自主探索和感受，明确什么变了什么不变,在学生发现规律后注意引导学生将其概括出来,渗透了函数思想。

小贴士

> 数学学习存在许多概念,教师不仅要善于捕捉探究内容,还要放手让学生探索,使之在探索过程中感悟到"变中不变",逐渐理解函数思想的本质。在探索过程中,教师要给学生充分的自主探索空间,引导学生发现和概括,从而体会用字母表示关系的价值性。

策略三:探究问题要精彩

在设计探究问题时要精心考虑,精彩的探究问题能激发学生的探究欲望,有利于培养思维的创造性。吴老师十分善于设计问题,在她看来,大到每一节课要有几个精心预设、能够撑起全课的问题,小到每个学习活动要有核心问题支撑,这是落实教学目标的有效保障。

案例及解析

这个问题你会解答吗?

在学习"分数除以整数"时,吴老师给学生提出这样一个问题:溪水小学六年级学生去果园参加劳动,两个班摘了$\frac{4}{5}$吨苹果,平均每个班摘多少吨?请你用不同的方法解决。

学生给出了不同的解决办法。

生：我是用折纸条的方法。把这张长方形的纸条看成1吨，平均分成5份，4份就是$\frac{4}{5}$吨。再把$\frac{4}{5}$吨平均分成2份，每份是2个$\frac{1}{5}$吨，就是$\frac{2}{5}$吨。

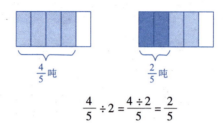

$$\frac{4}{5} \div 2 = \frac{4 \div 2}{5} = \frac{2}{5}$$

生：我和第一个同学的方法一样，用算式表示为$\frac{4}{5} \times \frac{1}{2} = \frac{2}{5}$。

生：把$\frac{4}{5}$平均分成2份，求每份是多少，就是求$\frac{4}{5}$的$\frac{1}{2}$是多少吨。

生：$\frac{4}{5}$吨就是0.8吨，求每个班摘多少吨，就是0.8÷2=0.4=$\frac{2}{5}$（吨）。

生：我是把$\frac{4}{5}$吨化成800千克，先除以2得400千克，然后再化成0.4吨。

学生的精彩表现源于问题的精彩！很多老师上课时急于得到最后的答案和最优的方法，并没有提出这样的问题，从而失去了让学生主动探究的机会。而吴老师通过精心设计的问题为学生搭台，使不同的认识和想法在课堂上交汇，学生的思维在碰撞中不断闪现出智慧的火花，对知识的探究也在不断深入。大家互相启发，互相补充，互相纠正，逐渐达成共识。

小贴士

> 面对精彩的问题,学生们会感到惊奇,产生疑问和探究的欲望,从而展开思维的翅膀,热情、主动地投入其中。精彩的问题又会使学生们的智慧尽情展现,创新的灵感不断闪现。有了活动空间,有了亲身参与,学生学习和理解数学知识的过程就会变成探索和发现数学规律的过程。

策略四:探究形式要多样

探究常常是通过小组进行的协作性活动,但绝不是唯一形式。一般情况下,可以设计以下几种形式:

(1)个人独立探究。当探究任务相对较为简单,个人经过努力能独立完成时,最好由个人单独进行。在这个过程中,学生个体根据自己的经验,独立探究、发现。

(2)小组合作探究。在探究学习中,小组合作无疑是最常用的形式。当学习任务较为复杂,需要合作才能完成时,宜采用小组合作的形式,这有助于相互启发和材料共享。小组合作探究能使学生集思广益、思维互补、思路开阔,使学生获得的概念更清晰,结论更准确。

(3)班级集体探究。如果学生个人或小组合作探究很难解决问题或形成共同的观点,可以由全班共同聚焦难题,共同展开探究,形成更大的合力,更好地解决问题。

 **案例及解析**

估算方法的讨论

在学习"乘法的估算"时,吴老师先呈现了"曹冲称象"的故事情境,并给出了分 6 次称出的所有大石头的质量(如下表):

次数	1	2	3	4	5	6
质量(千克)	328	346	307	377	398	352

对于这个问题,吴老师鼓励学生独立思考,探索估算的方法。学生通过独立探究,出现了"大估法""小估法""大小估法""中估法""四舍五入法"等不同的估算方法。

随后,吴老师又创设了一个更有思维力度的问题情境:350 名同学要外出参观,有 7 辆车,每辆车 56 个座位,估一估,够不够坐。

解决这个问题使用哪种方法更合适?吴老师鼓励学生以小组合作的形式进行讨论。学生通过合作探究,出现了两种估算方法:

方法 1:把 56 个座位看成 50 个,$50 \times 7 = 350$,实际每辆车有 56 个座位,所以肯定够了。

方法 2:把 56 看成 60,$60 \times 7 = 420$,所以够用。

面对两种不同的方法,吴老师及时将探究活动转向全班,引导全体学生共同展开探究。通过讨论,同学们终于达成共识:虽然方法 2 更接近 56×7 的精确结果,但是方法 1 也是合理的。在解决问题的过程中,学生学会了选择合适的方法。

小贴士

> 教师的智慧就在于将课堂变得丰富多彩。丰富的形式更有利于调动学生探究的兴趣。不同的探究形式具有各自的特点，教师要依据问题的难度和学生的特点，尝试不同的形式，这样的课堂才是生态课堂！

吴老师支招

小学阶段对于学生的探究要求是不相同的，教师在设计时要充分考虑学生的年龄特点和教学内容特点，寻找探究学习的内容与学生的年龄特点的最佳结合点。

■ 几何直观，促进探究

直观的内容可以调动学生的多种感官，从而发现直观背后的奥秘。例如运算定律，商不变的性质，小数、分数、比、比例的性质等。这些知识、规律较为明显，可以充分放手，大胆地让学生进行探究。同时，学生对此也更容易产生探究的兴趣，问题解决后会产生很强的自豪感。

■ 设计问题，准备素材

教师一定要重视探究问题的设计、探究材料的准备以及探究组织形式的选择，同样的问题以不同的形式呈现会产生不同的效果。

问题是引领探究走向深入的关键。过于简单就没有探究的必要，过难学生会无从下手。探究过程中如果没有必要的引导，有时也会偏离方向。有层次的问题设计是引领学生探究的好方法，还会使不同程度的学生在探究过程中都有收获。

■ 自主探究，适度指导

教师设计探究活动不仅仅是抛出问题，还应注意在探究活动中适时给予指导。教师要根据对学生的了解以及目标的需要，考虑学生进行探究时的角色定位。要对学生进行有针对性的指导，从而使探究能够顺利进行，向纵深发展。

■ 紧密联系，螺旋上升

在现行教材中，各个部分的教学内容都是遵照螺旋上升的原则编排的。在教学设计时，教师要弄清每个知识脉络的基本线索和结构，把握每个阶段的重难点以及核心的思想方法，找到知识之间的联系，以便于探究新知识。比如几何图形计算公式的推导，三角形、圆形以及圆柱体等有着各自的特征，但在面积和体积公式的推导方法上却非常相似，都是运用转化的方法进行推导。学生有了把圆转化成其他图形推导公式的基础，在学习圆柱体体积公式的推导时，教师完全可以放手让学生自己探究圆柱体的体积公式。

（孙海燕）

10
设计课堂练习的策略

> 数学知识的掌握、经验的积累、技能的形成，尤其是数学思维的开发、数学思想和方法的渗透，必须通过一定量的练习才能实现。练习能够进一步揭示数学知识间的联系和区别、现象与本质，可以让学生经历由特殊到一般，再由一般到特殊的认识事物的一般规律，可以发展学生举一反三的迁移能力，分析、综合、抽象、概括、判断、推理等多种能力。那么，如何设计有效的课堂练习呢？

策略一：练习设计有趣味

数学练习的设计既要达到巩固知识、拓宽思维的目的，还要让学生通过练习感受到数学的魅力。对于小学生来说，让数学练习伴随着有趣的情境出现是非常必要的。善于利用充满情趣的练习激发学生的情感动力和认知冲突，让学生在解决问题的过程中感受数学的神奇与有趣，是吴老师设置练习的显著特点。吴老师常用的手段有：生活实际同数学问题结合、拟人的童话故事同数学问题结合等。

案例及解析

谁走的路线长？

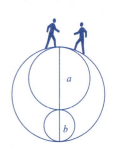

学完"圆的周长"后，吴老师设计了这样的练习：李伟和王明从同一地点出发，李伟沿外面一圈回到原地，王明则沿里圈通过"8"字形的两个小圈回到原地（如右图）。请问李伟和王明谁走的路线长？

这道题引发了学生的激烈争论。有的学生认为沿外圈走近些，因为里圈要多绕几个弯；有的学生认为沿里圈走近些，因为外圈要绕一大圈。

吴老师不动声色地提示："难道除了用眼睛去观察，就没有更科学的比较方法吗？"一石激起千层浪，学生的思维由感性认识走向了理性的思考。有的学生把小圆、中圆、大圆的直径设成具体的数：设小圆的直径为2，中圆的直径为8，大圆的直径为10，通过计算发现小圆和中圆的周长之和等于大圆的周长。有的学生根据乘法分配律很轻松地完成了此题的说理：设三个圆的直径分别为 a、b 和 $a+b$，根据圆周长公式得出里圈的长

度等于 $a\pi + b\pi$，外圈的长度等于 $(a+b)\pi$，又根据乘法分配律得出 $a\pi + b\pi = (a+b)\pi$，结论是李伟和王明走的路程同样长。

从面对问题时的无从下手，到尝试用设数的方法进行解答，到最后用字母表示找到问题的内在联系，学生的思维跌宕起伏，数学问题像磁铁一样深深地吸引着孩子们。

吴老师的练习设计充满了童趣，内容沟通了具体计算和抽象公式之间的内在联系，富有情趣的练习消除了数学同学生之间的隔阂。而且吴老师从不把练习的目标放在答案上，而是有等待、有提示，充分挖掘学生的潜力，不断呈现学生在解决问题过程中暴露的思维过程，使学生的认识从感性走向理性，从表面走向深入，在探索的过程中学会学习，学会思考。学生的能力就这样在日积月累中得到提高。

小贴士

> 在练习设计的过程中，只关注数学知识的学习，练习的目标只是为了训练某一技能、技巧，或只关注孩子积极的情感体验，盲目追随孩子的学习兴趣，都是不可取的。好的练习一定要兼顾数学的本质和儿童的认知特点，教师需要付出创造性的劳动，把"好吃"和"有营养"有机结合起来。

策略二：练习设计串成串

数学练习的设计要突出数学知识之间的联系。吴老师的课堂中经常出现的步步为营的练习串，便体现了层次性和发展性。在解决问题的过程中，学生的思维不断深化，对问题的认识由浅入深、由表及里、由单一到全面,学生在解决问题的过程中,很好地建立了知识之间的联系,形成完善的认知结构。

案例及解析

没有终点的路

在"相遇问题"的课堂上,吴老师首先让学生通过表演,理解相对、同时、相遇、相距等概念,通过尝试、探索解决基本的练习。然后又以游戏的方式出示了下面这组练习:

(1) 小刚和小英从甲乙两地同时相对而行,小刚每分钟走 80 米,小英每分钟走 70 米,两人走了 5 分钟相遇。甲乙两地相距多少米?

这是一道常规的相遇问题的题目,学生通过此题可以达到熟练掌握公式的目的。但学习相遇问题就是为了机械地套用公式解答习题吗?吴老师在此基础上出示了第二道题。

(2) 小刚和小英从甲乙两地同时相对而行,小刚每分钟走 80 米,小英每分钟走 70 米,两人走了 5 分钟时还相距 200 米。甲乙两地相距多少米?

解答这一问题,学生需要通过演示、画图等手段明确题目的含义。仔细分析题目要求,还会有什么情况?学生自主提出了第三道题。

(3) 小刚和小英从甲乙两地同时相对而行,小刚每分钟走 80 米,小英每分钟走 70 米,见面后两人擦肩而过,5 分钟时又相距了 200 米。甲乙两地相距多少米?

"两人相对行走会出现什么情况?"吴老师在这里巧妙地利用一组练习让学生在问题情境中不断地探索,学生的主体作用得到了充分的发挥,解决问题的过程变成了学生思维碰撞、情感交流的过程。学生在问题情境中主动提出问题、发现问题、分析问题,进一步利用演示、画图等手段自主解决问题,在真实的体验中主动寻求解决问题的策略、方法,建立了知识之间的内在联系,开阔了视野,体验到了数学学习的乐趣。

小贴士

通过真实情境的再现来设计练习,调动学生的已有认知和生活经验,利用多种策略、方法,让学生自主解决问题,在解决问题的过程中把握知识的整体结构。教师要减少机械的模仿和套用公式的练习,减少为熟悉某项技能而进行的强化性单一练习。

策略三:练习设计形式多

如何沟通数学与生活的联系,架起抽象的数学模型与学生已有认知的桥梁?如何让学生对数学问题进行富有个性的解读?如何让学生的数学学习变得灵动起来?吴老师在课堂上经常使用的讲故事的形式给了我们很多有益的启示。

让分数张嘴说话

对于"分数的意义",经常有老师发出这样的感慨:分数的意义真是干巴巴的,尤其是对单位"1"的理解太抽象、太枯燥了!利用什么情境都不能调动学生的积极性。而吴老师讲的这节课,却有"不同寻常"的效果。

师:你能用生活中的事说说 $\frac{1}{3}$ 或 $\frac{2}{5}$ 的意思吗?

(问题一提出,学生停顿片刻后纷纷发言。)

生：我们 7 个小伙伴一起去玩捉迷藏，1 个人找，6 个人藏，找到了 $\frac{1}{3}$。

师：7 个人玩捉迷藏，这里边的 $\frac{1}{3}$ 是哪儿来的？

生：老师，我明白。他们找到了 2 个人，就是找到了 $\frac{1}{3}$。把 6 个人平均分成 3 份，2 个人就是 $\frac{1}{3}$。

生：2 个人是 6 个人的 $\frac{1}{3}$，是 7 个人的 $\frac{2}{7}$。

从学生的发言中可以看出，学生对分数意义的学习储备着丰富的"资源"。吴老师通过讲故事充分调动了学生的个体经验，通过学生举的例子不断丰富分数意义的内涵，不仅如此，学生对分数的理解已然超出了本节课的认识范围。

学生把自己的生活带进了理性的数学课堂。用自己的经验讲分数，让个体的经验和抽象的数学进行对话，这才是"好吃又有营养的数学"！

给分数找妈妈

对单位"1"的理解是学生学习分数的难点之一。吴老师通过一道有趣的"给分数找妈妈"的练习，让学生对单位"1"有了深刻的理解。

吴老师先出示了一个长方形，然后说："这是一个长方形，我现在偏偏告诉你这是一个分数 $\frac{2}{5}$，你能帮我想想'1'是一个什么样的图形吗？"

从 $\frac{2}{5}$ 去找分数"1"这个"妈妈"，关键是要先找到" $\frac{1}{5}$ "这个分数单位，由此再推出 5 个这样的单位。为此，学生画出了不同的图来表示。

多么有趣的练习！单位"1"不再抽象，吴老师利用生动的情境和数形结合，让单位"1"在学生的头脑里变得形象了！

吴老师在课堂上还经常采用讲故事的方式沟通抽象的数学模型与学生认知经验的联系。例如，在"用字母表示数量关系"的教学中，有这样一个教学片段：

师：吴老师身高1.65米，张晓东同学身高1.47米，（两个人一起站在讲台前）看到我们两个，你能讲一个数学故事吗？

生：张晓东的身高加上一点就是吴老师的身高。

生：还可以用算式表示，1.47 + (　　) = 1.65。

生：小括号还可以换成□。

生：还可以换成x，其实表示的都是吴老师身高和张晓东身高的一种等量关系。

经过这一环节，等量关系的烙印深深印在学生的头脑中，学生在轻松的学习中根据情境理解数量关系。

除此之外，吴老师还让抽象的图像张嘴说话。例如，在教学"正比例的意义"时，吴老师设计了看图讲故事的练习。

生：汪叔叔开车1小时走50公里，2小时走100公里，3小时走150公里。汪叔叔走的路程随着时间的增加而增加。

生：学校买1个篮球用50元，买2个用100元，买的篮球个数越多，所用的钱也越多。

生：我补充一点，这个图像可以表示很多数量关系，但不管怎么变，都满足$y = 50x$的关系。

多么精彩的解读！抽象的函数关系经过学生头脑的加工变得直观了，学生在多种表征中增强了对成正比的量的理解。

小贴士

> 吴老师利用讲故事设计练习，沟通了数学模型与学生生活经验、知识经验的联系，架起了抽象的数学通往学生内心世界的桥梁，使抽象的概念、法则在学生的想象中有了精彩的解读。学生经历了从特殊到一般又从一般到特殊的学习过程，这个过程突出了数学的特点，且兼顾了儿童的认识规律，从而使学生的数学学习过程变成对个体生活经验中的数学现象的一种解读，使抽象的数学在学生的演绎下变得富有灵性。

策略四：练习设计要开放

"为学生创造自主探索的空间，让学生获得自主发展"，是吴老师课堂教学的特点之一。吴老师的课堂是开放的，即使是对练习的处理，也为学生提供有利于提出问题的开放空间，让学生在真实的情境中主动提出问题，自主解决问题。

案例及解析

购物小票上的小数问题

教学"小数加减法"时，吴老师为学生提供了以下购物小票：

```
×××超市欢迎惠顾

日期        流水号        款机号

品名    单价      数量      金额
钢笔    15.6      1.00      15.6
笔记本  0.9       1.00      0.9
牙膏    1.28      1.00      1.28
香皂    4.4       1.00      4.4

应收    22.18     优惠      0
实收    30        找零      7.82
```

钱款当面核对！质量问题，凭此票退换

学生在真实的购物情境中自主提问：

（1）买一支钢笔和一个笔记本共花多少钱？

（2）一盒牙膏比一块香皂少多少钱？

学生列出算式：

15.6 + 0.9   4.4 - 1.28

小数加减法的内容不用老师讲解，学生已经进行了自主探索。接下来学生积极思考，列出了众多算式：

15.6 + 0.9 + 1.28 + 4.4   (15.6 + 4.4) + 0.9 + 1.28

30 - 15.6 - 0.9 - 1.28 - 4.4   30 - (15.6 + 0.9 + 1.28 + 4.4)

在这里，吴老师为学生营造了自主探索的空间，让每位学生自己编题，尝试练习，吴老师退到了幕后。问题是真实的、开放的，每个学生都在努力探索小数加减法的不同情况，自主编制的开放性练习成为全体学生共同研究的例题，学生自主探索出了小数加减法的算法，感悟到了相同计数单位相加减的道理。

小贴士

> 如果教师一味地把控课堂的主动权,设置练习让学生按照要求完成,那么学生的学习是被动的、机械的。学生自己编题,多了学生的自主提问与自主探索、同伴的交流合作与学生的自我反思,在探索过程中享受到了成功与快乐。因此,练习不仅要考虑内容,还要关注形式。

策略五:练习设计有思想

吴老师常说:数学知识仅仅是冰山一角,备课时一定要观其全貌,透过数学知识看到深邃的数学思想和方法。有了数学思想和方法,数学课才能深刻而厚重,学生才能学会数学的思维。正是基于这样的理念,吴老师的练习设计以唤醒学生的智慧、启迪学生的思维、使学生能够自觉运用数学思想和方法创造性地解决问题为宗旨。

案例及解析

缩小包围圈

在"数的整除"复习课中,吴老师向学生出示了这样的练习:两个质数的和既是11的倍数又是小于50的偶数,这两个数可能是几?

师:马上告诉我,你现在在想什么?

(目的:有效的设问钻到了学生的脑子里。)

生:这两个数是哪两个数。

生:跟他一样。

师：这两个数究竟是几啊？有没有不这么想问题的？听听这位同学的意见。

（目的：通过这个设问，把学生的研究方向进行转移。）

生：这两个数的和是几？

师：这位同学想的是"它们的和是几"。你们觉得是第一种想的好还是第二种好？

（目的：进一步把研究的方向从追求解答的结果转移到思考问题的方式、方法上来。）

生：第二种。

师：那它们的和是几啊？一起说吧，11的倍数有11、22、33、44，要求是小于50的偶数，淘汰谁？

生：11、33。

师：它们的和找到了吗？你想说是什么？

生：3和19，5和17。

师：别着急，先坐下来。同学们，结果并不重要，最重要的是思考问题的方法。我们回忆一下：前面两位同学说首先想到的是这两个质数是几，而这位同学马上想到这两个数的和是多少，一下子把包围圈缩小啦，因此我们写出了11、22、33、44。我们又淘汰了11和33，包围圈就更小了，一步步缩小包围圈，然后顺藤摸瓜，一组组的两个质数就脱颖而出……

可以看到，这个练习关注的不是答案，而是学生在解题过程中产生的方法。"缩小包围圈"正是用学生可以接受的方式诠释方法的内涵。

利用一道道练习题不失时机地渗透对应、转化、分类等思想方法，是吴老师课堂教学的特色。吴老师认为，要启迪学生的智慧，就要在课堂教学中牢牢把握住数学的本质，留住数学的"根"。除了重视数学概念、法则、公式等显性数学知识的教学，还重视数学思想方法、数学思维方式等素养的培养。

小贴士

> 学生可能会忘记具体的数学知识，但在解决问题的过程中积淀的数学思想方法是不会忘记的。良好的数学思想方法是学生数学素养的重要组成部分，是学生可持续发展的坚实基础，而好的练习是渗透数学思想方法的重要途径。脱离具体的练习空谈数学思想方法是不可取的，教师应通过练习，有效渗透对应、转化、分类、数形结合等思想方法。

吴老师支招

练习在小学数学教学中占有相当大的比重，而且具有重要的地位。既然如此，教师应如何充分利用练习来达到教学目的呢？

■ 练习的设计要精心

练习的设计需要教师付出创造性劳动，要避免练习目的不明确、层次不清晰、形式单一、反馈不及时等弊端，要遵循科学性、层次性、针对性、灵活性、多样性等原则。

■ 练习的设计要让学生积极参与

离开学生的参与，再好的练习也是无本之木、无源之水。一方面，教师要把握学生的心理特点，从学生的兴趣、爱好出发，选择学生喜闻乐见的事件作为素材。另一方面，教师要根据具体教学内容，找准学生的认知障碍，设计能激发学生的参与热情、打开学生思维之窗的练习；同时，还要关注练习的"运作"过程，要给学生提供积极思考、交流的空间，让学生在解决问题的过程中享受到思辨的乐趣。

■ 练习的设计要贴近学生的实际

学生的数学学习是在已有生活经验和知识的基础上展开的，是在亲自参与数学活动的过程中探索出来的，是在真实的情境中经历发现问题、提出问题、分析问题、解决问题的过程中升华的。脱离学生的生活实际，学生就会对数学学习失去兴趣，因此，教师在设计练习时要尽可能贴近学生的生活实际。

■ **练习的设计要抓住数学的本质**

数学中的核心概念、思想方法是需要下大力气让学生理解的。好的练习一定是抓住数学的本质，在数学的主干上做文章的。练习的设计不能单纯追求解题的技能、技巧。

（周卫红）

11
运用有效评价的策略

《课标（2022 年版）》指出："评价不仅要关注学生数学学习结果，还要关注学生数学学习过程，激励学生学习，改进教师教学。通过学业质量评价的构建，融合'四基''四能'和核心素养的主要表现，形成阶段性评价的主要依据。采用多元的评价主题和多样的评价方式，鼓励学生自我监控学习的过程和结果。"有效的课堂教学评价，能够对学生的学习起到及时的引导作用，让学生明确学习的方向，学会有效反思，以不断促进自身的发展；能够对学生的学习起到很好的激励作用，激发学生的学习兴趣，使学生体会到成功的喜悦，乐于求知，积极向上。

策略一：合理评价，建立自信

学生在走进学校的大门时，对学习充满了期望与憧憬，希望得到教师的赞赏与夸奖、同学的肯定与接纳。此时，教师不经意的一句否定或批评甚至轻视或挖苦，很有可能让学生失去学习的兴趣，失去自信与自我。因此，教师要用心去呵护学生，善于运用评价语言保护学生的学习热情、创新意识和情感体验。

 **案例及解析**

他跑题了

吴老师在教学"分数的初步认识"时，遇到了这样一个突发事件：在学习了 $\frac{1}{2}$ 后，吴老师要求学生按自己的想法折 $\frac{1}{2}$。在展示折叠 $\frac{1}{2}$ 的不同方法时，一个男孩没有按照老师的要求折 $\frac{1}{2}$，而是折出了 $\frac{1}{4}$。出于对学生的理解与尊重，吴老师毅然决定跳过 $\frac{1}{3}$ 这一环，直接和学生讨论起 $\frac{1}{4}$。讨论得差不多时，吴老师话锋一转："同学们，老师让大家折 $\frac{1}{2}$，他却折了 $\frac{1}{4}$，你们对这件事怎么看？"

有学生说："老师让折 $\frac{1}{2}$，他不该折 $\frac{1}{4}$。"有的说："不合题意，他跑题了。"有的说："他没听老师的话，没按老师的要求做。"……

听完同学们的评价，吴老师反问学生："同学们，你们就没有别的想法吗？"

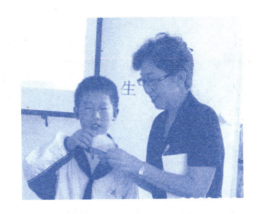

停顿了片刻，一位同学说："老师，我既批评他又表扬他，批评他不听老师的话，表扬他又让我们学会了一个新的分数$\frac{1}{4}$。"

还有学生说："我觉得他特别会创新。"

吴老师接过学生的话问道："同学们，你们想听一听老师的评价吗？"

"想！"学生齐声道。

吴老师走到这个男孩的面前，深深地给他鞠了一个躬："我真的很欣赏你啊，你这样的学习就叫作积极的学习、主动的学习、很有创造的学习。"听了吴老师的评价，男孩露出了灿烂的笑容。

接着，学生纷纷折出了$\frac{1}{8}$、$\frac{1}{16}$、$\frac{1}{32}$……

有一个学生告诉大家："我还能折出$\frac{4}{8}$呢！我还发现$\frac{1}{2}$和$\frac{4}{8}$一样大。"

那个男孩很有可能是在折出$\frac{1}{2}$后，顺着相同的想法继续对折发现了$\frac{1}{4}$，当时他一定很想将自己的发现及时告诉老师，却忘了自己没有按照老师的要求做。听到同学们不同的评价，心中正惴惴不安时，他却听到了吴老师对他的理解、尊重和欣赏，而不是批评、指责与挖苦。吴老师这样的评价不仅保护了学生的学习热情，还巧妙地利用这一评价打开了学生的思路，让学生主动去寻找更多的分数。

小贴士

教学中，教师要用真诚、友善、富有感染力的语言对学生进行适时、适度的评价，利用评价让学生学会评价他人和自我。评价时要关注学生的情感体验，调动学生的内驱力，激发学生的学习热情，为学生打开思维的通道。

策略二：延迟评价，给予空间

好的课堂教学应当为学生留有思考的空间，问题提出后不要急于得出结论，应该关注学生获取结论的过程。因此，面对学生的回答，教师不应以简单的"对"与"错"匆忙下结论，而要延迟评价，为学生提供自我反思、自主建构的空间。

 案例及解析

为什么不画了？

在教学"分数的初步认识"时，考虑到教学重点是对"$\frac{1}{2}$"的认识，吴老师让学生们结合自己的生活经验，表示出自己发现的生活中的一半。有的学生用"一半"两字表示；有的画一个圆并把它分成两半；有的画了一个桃子，旁边还有一把刀把桃分成两等份……此时，吴老师在黑板上写出"$\frac{1}{2}$"并加以说明："这就是你们生活中见到的一半。现在，你们对于自己的表示方法，愿意擦的可以擦，愿意保留的也可以保留。"有两个学生不愿意擦去，吴老师尊重了他们的选择。随着教学过程的深入，$\frac{1}{3}$、$\frac{1}{4}$ 陆续出现，其中一个学生把自己的图画也擦去了，只剩下那个画桃子的男孩。

吴老师耐心地等待着他，等到出示了 $\frac{1}{100}$，这个男孩画着画着放下了笔，说："不画了，画图实在太麻烦了！"

此时，吴老师握着他的手微笑着说："感谢你，你终于接受了这个分数。"

面对学生出现的问题，青年教师往往会沉不住气，而吴老师则采用了延迟评价的策略。通过耐心的等待，让学生真正经历"数学化"的过程并完成了对分数的初步认识，让学生从内心深处真正接受这一看似抽象而又十分简明的数学符号，感受到数学的奇妙和力量。

小贴士

> 要保证课堂教学的有效评价，教师要全面了解学生，细心观察学生的举动，透过学生的行为洞察他们的所思、所想、所为，给学生自省、自悟的空间。学生是带着自己独特的感受和经验来到课堂中的，教师要正视这种不同，并且巧妙地加以运用。

策略三：积极评价，鼓励创新

作为课堂学习主体，每个学生都有自己的经验背景和独特的感受。在日常教学中，教师要正视学生存在的差异，善于运用激励的语言鼓励学生发表自己的见解，保护学生的求异思维，培养学生的创新意识。

 **案例及解析**

第 7 个 300 哪儿来的？

在教学"估算"时，吴老师为学生提供了"曹冲称象"的故事情境和称石头的 6 次数据：328、346、307、377、398、352（单位：千克），请学生估算大象的重量。

在宽松的学习氛围中，学生先是自己想办法进行估算，随后吴老师和全班同学一起交流估算的方法。

有的学生把 6 个数都看成 400，400×6＝2400，往大处估，并别出心裁地将其命名为"大估"；有的学生把 6 个数都看成 300，300×6＝1800，往小处估，顺势取名为"小估"；有的学生将"大估""小估"结合在一起，300×3＋400×3＝2100，称之为"大小估"；有的学生用 350×6＝2100，并一致同意命名为"中估"；还有一名学生用 330＋330＋310＋380＋400＋350，并认为自己的做法是比较准确的"大估"。此外，黑板上还有一个算式 300×7＝2100。吴老师缓缓走到黑板前，指着这个算式略带疑惑地问道："这是谁写的呀？人家明明是 6 个数，你却弄出来 7 个数？"

发现写这个算式的男孩跃跃欲试，吴老师把目光投向他："还是请我们的'创造者'自己来说一说吧！"

这个男孩大声说："表面上看有 6 个数，但是我把每个数取走 300 后，又把剩余的零头凑在了一起，差不多又是 1 个 300，我想，7 个 300 一定比 6 个 300 更接近准确值吧！"

吴老师听后，一边点头一边用红色粉笔在这种具有鲜明特色的方法旁边画了个大大的"☆"，并感叹道："你真是与众不同啊！本来 6 个 300，你却得出了 7 个 300，还讲得这么精彩！掌声送给他！"全班顿时响起了热烈、赞赏的掌声。吴老师感慨道："这位同学不但在估，还调调、凑凑，又得出一个新的 300，真的很好。我们都乘 6，他却乘 7，乘得很有道理！"

男孩听后开心地笑了,他已经感受到学习带来的愉悦和幸福。

小贴士

> "你真是与众不同啊!"吴老师对学生发自内心的喜爱与欣赏,给学生带来了肯定、愉悦、自信。教师的赞赏如同温暖的阳光照耀着孩子幼小的心灵,给予他们成长中需要的营养与动力。

策略四:客观评价,突破障碍

学生在学习中常常会对一些概念认识不清,甚至感到模糊、混乱,此时教师切忌使学生看似明白,实则没有真正透彻地理解,从而为今后的学习埋下隐患。当学生的学习遇到认知障碍时,教师不妨灵活运用评价,引发学生之间产生认知冲突并相互争论,促使学生在说理、辩理的过程中不断澄清概念、澄清认识。

 **案例及解析**

6 的乘法口诀

为了巩固 6 的乘法口诀,教师让学生拿来扑克牌进行练习:四人一个小组,每人抽一张,用抽出牌的数字和 6 相乘,说结果和口诀。

在孩子们玩得不亦乐乎时,有的孩子抽到了 10、J、Q、K,产生了困惑:

生:老师,J、Q、K 这三个数是多少?

师:谁知道,和大家说说?

生:J 就是 11,Q 就是 12,K 就是 13。

生:我们刚才学的口诀中没有乘 10、11、12、13 的口诀,怎么办呢?

是呀,口诀中为什么不编乘 10 及以上数的口诀呢?学习口诀仅仅是简单背口诀计算吗?更重要的是要理解乘法意义,促使学生举一反三、融会贯通,在新情境下解决问题。

师:我想同学们一定能用学过的知识来解决这个问题。小组四个人商量商量。

(小组四位同学你一言我一语进行讨论。)

生:因为一个因数是 6,另一个因数多 1,积就多 6。我们刚刚学过六九五十四,所以 6 乘 10 得 60,6 乘 11 得 66,6 乘 12 得 72,6 乘 13 得 78。

师:你能利用所学的口诀解决没学过的问题,真厉害!你是怎么想的?

生:我们在编口诀时,就是用相邻口诀之间的关系来编的,所以我就用 9 个 6 加 1 个 6 就是 10 个 6。

师:谁还有别的计算方法呢?

生:因为五六三十,6 乘 10 就是两个五六三十,30 + 30 = 60。

师：你用的是一半加一半的方法，把 10 分成了两个 5，解决了问题。

生：因为五六三十，六六三十六，6×11 就是 5 个 6 加 6 个 6，用 $30 + 36 = 66$。

生：因为六六三十六，6 乘 12 就是 $36 + 36 = 72$。

生：因为六六三十六，六七四十二，6×13 就是 6 个 6 加 7 个 6，也就是 $36 + 42 = 78$。

师：面对没学过的新问题，你们真有办法！把它们转化成学过的口诀解决了问题。你们还有什么新想法？

生：老师，我明白了为什么口诀表中最大的数是 9 了，因为比 9 大的数都可以分成几个数就能解决。

在交流中，学生不仅明白了相邻的每句口诀之间的关系，而且认识到不相邻口诀之间的关系，为学生的后续学习，尤其是乘法分配律的学习打下了基础。数学学习的本质是学生的再创造。数学教学活动，必须建立在学生的认知发展水平和已有的知识经验基础上，为学生提供充分从事数学活动的机会，帮助他们在自主探索和合作交流的过程中真正掌握数学知识，促进理解和迁移。

课堂上，教师要创设有挑战性的情境，让学生在产生认知冲突的过程中学会自省、自悟，学会有条理地解释和交流，从别人那里汲取营养。在互动与评价中引导学生思考，扫清认知障碍，促进思维发展。

小贴士

> 教师鼓励、尊重的语言能向学生传递真爱，让学生感受课堂的温暖，享受学习的幸福，进而扬起自信的风帆。教师对学生的评价不仅要注重反映学生的数学学习成就，也要注意诊断学生在学习中的困难，帮助学生认识自己的问题并成功跨越，形成数学学习的积极体验。

吴老师支招

评价的主要目的是什么？是为了激励学生学习。评价既要关注学生学习的结果，也要重视学习的过程；既要关注学生数学学习的水平，也要重视学生在数学活动中表现出来的情感与态度，帮助学生认识自我、建立信心。

■ 用评价呵护学生

教师不仅要呵护学生的学习热情，更要呵护学生的学习信心。呵护是有根据地给予学生保护式的评价，让学生既看到自己的成绩，又看到自己的问题，并且针对问题提出学生能够接受的具体建议，使其明确下一步的努力方向。

■ 用评价给予学生空间

等待、延时判断是一种重要的评价方式。没有时间就没有空间，教师必须留给学生也留给自己足够的时间思考，这样才能等到花开的时节。所以教师不要急于下结论，可以把问题返还给学生，给他们再次发现的时空，让他们对自己先前的表现进行评价，不是更好吗？

■ 把握评价的时机

评价的主要功能在于促进学生的发展。教师要善于把握课堂教学的评价时机，充分发挥评价的激励、促进、引导、激趣等作用。当学生的表现精彩时，教师不要吝啬激励的话语；当学生需要点拨和辅助时，教师要及时给学生以引导，使其在困惑中见到光明；当学生出现分歧、偏差时，教师要善于利用学生之间的评价，将矛盾激化后再逐步趋向明朗，给学生时间、空间，发挥主体学习、自主学习、相互学习的效应。

■ 用评价促进创新发展

对学生的评价要有针对性，要自然、恰当、生动。评价要伴随学生的发展,伴随学生的问题发现和解决,伴随学生的独立学习与合作交流,伴随学生跨越障碍和取得成绩,伴随学生的智力增长和人格完善。

(郑卫红)

12
走进学生内心世界的策略

> 学生的内心世界是极其丰富、多变的,而且学生不是在任何时候、任何情况下都把心灵的窗口向教师敞开,所以要洞察学生的内心世界,并不是一件容易的事情。为什么对教师的苦口婆心,学生会无动于衷呢?原因在于师生之间没有产生积极有效的"心理效应"。教师只有合理运用"心理效应"这根调控杠杆,才能激励学生学习,促使学生积极思考,从而提高课堂教学效率。

策略一：架起平等互尊的桥梁

纵观教学实践，我们会发现很多老师在课堂上往往更偏爱那些聪明伶俐、回答问题流畅、善于表达的学生，会自然地流露出对他们的赞赏。而对那些反应缓慢、暂时思考不全面、容易出现问题的学生，则"怠慢"处置。长此以往，学生就会丧失学习的热情。如果教师不及时调整这种或偏爱或怠慢的行为，就会导致教育的失误。

怎样给予学生客观、公正、平等的学习心理感受，力争把"爱"的阳光洒在每个学生的心田呢？

案例及解析

争论结束之后

课堂上，学生的争论结束后，吴老师会真诚地祝贺获胜者："祝贺你们，你们精彩的发言给大家留下了深刻的印象。"孩子们的脸上洋溢着成功的欢笑。此时，吴老师并没有忘记那些暂时"败下阵"来的学生，同样深情地握住他们的手说："谢谢你们，正是因为你们的问题，给全班带来了一次有意义的讨论！你们勇敢面对自己的问题，善于倾听并接纳同伴的意见，修正自己的观点，这是多好的学习态度和学习习惯呀！"然后，吴老师郑重地向这些学生深鞠一躬，"谢谢！"

一次握手，一声感谢，使学生体会到了成功的快乐，特别是让那些暂时的"失败者"找回了学习的信心，认可了自己的价值。如果不去理会这些暂时的"失败者"，就有可能使他们产生自卑心理或者抵触情绪，成为永久的失败者。

小贴士

> 爱得"过剩",就会贬值,学生就会认为教师的表扬是理所当然,这会使学生变得脆弱,经不起成长中必需的挫折。爱得"吝啬""偏颇"也会使学生受伤,由此造成的恶劣心理环境,会使学生情绪偏激、行为带有触发性和冲动性,引发学生的心理障碍,甚至会导致个性的畸形发展。

策略二:扬起放飞自信的翅膀

学生在求知的过程中难免会遇到各种各样的困难,挫败的感觉随之而来,使他们产生急躁等不良情绪。教师如果没有及时发现并给予指导,就会使学生丧失学习的信心甚至厌学。因此,教师的真诚鼓励非常重要,一个理解的微笑,一句温暖的话语,一个充满期望的眼神,都会给迷茫中的学生带来希望!

案例及解析

即将绽开的花朵

吴老师曾教过的留级生小A,小时候得过大脑炎,妈妈说他不是学习的料,早已对他丧失了信心。

吴老师想办法为他创造可能成功的机会。在学习"乘数是三位数的乘法"前,吴老师花了整整一周的时间,耐心地从算法到算理,给他补习"乘数是两位数的乘法"的知识。

上新课了，吴老师板书"311×12=？"后，小A主动举起手，并回答了此题。吴老师借此机会让全班同学向他提问，小A有条有理地对答：先求2个311，再求10个311，最后把它们合起来。教室里掌声四起，同学们都对小A刮目相看。

小A第一次在同学面前感受到"我也是正常的学生，我能学会数学"，第一次体会到受人尊重和欣赏的快乐。从此小A变了，变得主动、自信了。

自信心对一个人的成长来说至关重要，尤其是儿童。教师要精心创设环境，充分利用积极的心理暗示，慷慨地把重新跃起、再获成功的机遇给予每个孩子。

在吴老师的教学生涯中，"学困生"永远被列入"保密名单"，她从不以学生的考分划分等级。在吴老师的心中，每个孩子都是好孩子，她格外关爱"弱者"，给予他们希望，并满腔热情地期待着他们的成长……

小贴士

> 没有爱，教育者的教育就是无效的。"心灵的创伤只能用心灵来温暖。"吴老师对"学困生"施以特殊的爱，用自己火热的心去温暖学生的心，在"学困生"的心中架起一座感情的桥梁，帮助他们重新找到通往成功的道路。今天的"丑小鸭"就是明天的"白天鹅"。

策略三：搭设由低到高的门槛

心理学家查丁奈发现，人们拒绝接受一个新的要求后，认知上的不协调会驱使他们建立新的平衡。当"小要求"与"大要求"有明显联系且紧随其后时，人们更容易接受这个"小要求"。这种方法运用到教学中，会特别适合"学困生"。教师关注学生的学习进程，给予学生由低到高跨越门槛的契机，学生会很自然地由一个平衡过渡到另一个平衡。

案例及解析

"1 人 + 1 狗"得什么？

吴老师在教学"加法解决问题"时，曾经问学生："1 人加 1 狗是 2 人还是 2 狗呢？"学生顿时平静下来，课堂上鸦雀无声。一个学生突然醒悟，大声说："老师，人跟狗能相加吗？"课堂上随之听到一声长叹，大家恍然大悟，原来人和狗是不能相加的，相同的量才能相加。像"相同类的量才能相加"这样的话虽是正确的，但听者是小学生，他们听了后会感觉很生涩，认为数学很枯燥。正是"人加狗"的幽默触动了学生的心弦，使得数学的面孔显得那么亲切，那么有意思。学生轻轻松松就明白了其中的内涵。

吴老师在教学中经常使用的教学语言表面形态很普通，是学生能听懂的；使用的教学语言很生动，易激发学生的兴趣；使用的教学语言很"贴心"，能触动学生的内心；使用的教学语言很有内涵，能彰显其中的深意。

教师的语言要贴近小学生的经验才会发生作用，才会使他们印象深刻。吴老师的"人加狗"，恰如其分地以例证的方式说明了"相同类的量才能相加"，学生轻轻松松就明白了其中深奥的大道理。这样的一个例证很好地彰显了大道理，为大道理增加了很多神采。以学生为主体，就是要下一个台阶，与学生站到同一个平台上，基于学生的已有经验进行教学。

小贴士

教师应当对学生的认知能力认真加以分析，因材施教，采用循序渐进的方法，让他们一步步地跨越一道道门槛，一步步走向成功。学生一旦对教师的期望做出反应，把教师的期望落实到努力之中，就会真正"绽放"。

策略四：激活"潮汐现象"的思维

海水因天体的引力而涌起，引力大则潮大，引力小则潮小，这就是通常所说的"潮汐现象"。课堂教学要想达到这样的效果，教师就要牢牢抓住学生的注意力，激发学生学习的兴趣，用精湛的教学技艺吸引学生，使学生形成思维的狂潮。

案例及解析

什么是圆锥？

吴老师在教学"圆锥的认识"时，先用一张厚纸遮住圆锥体，让学生想象："当圆柱体的上底面慢慢地缩小到圆心时，这个圆柱体将变成一个怎样的物体？"问题刚提出，学生们立刻活跃起来："下面大大的，上面尖尖的。""下面是圆形，上面是一个顶点。""下面是圆形的，上面是尖尖的，旁边是一个曲面，从上到下慢慢变大。"

听着学生生动的描述，吴老师立即激发学生："把这个物体的形状画下来吧！"等到学生画完，吴老师进一步激发学生："你们画的物体和想象的一样吗？和吴老师'变'出的这个物体一样吗？"边说边拿开遮挡用的厚纸。

学生喊出："哇！像！"吴老师进一步说明："这个物体叫圆锥体。这节课老师就和同学们一起来研究圆锥体的有关知识。"边说边板书"圆锥的认识"。

吴老师独辟蹊径，将学生喜闻乐见的"魔术"引入课堂，激发学生的兴趣，紧扣学生的心弦，让学生在惊讶中不知不觉地主动参与研究圆锥体特征的活动。这一别出心裁的设计，使学生在较短的时间内产生了学习数学的欲望与内在的动力，收到了事半功倍的教学效果。

小贴士

> 第斯多惠说："一个坏的教师奉送真理，一个好的教师则教人发现真理。"教育不宜通过过多传输所谓的"定论"思想来钝化学生尚属稚嫩却四处延伸的思维触角，而要着眼于帮助他们树立多思路、多角度、多元化的认识事物的方法及思维方式，尽可能地帮助他们扩大人生的视野、探索的方位和认识的领域。正如成尚荣先生所说："要给孩子充分想象的自由，让他们的思维任意遨游，在属于自己的世界里尽情勾画涂抹。不要让孩子们富于幻想和充满好奇心的天性在学习中消磨殆尽。"

吴老师支招

■ 架一座平等互尊的桥

师生关系的平等、民主、友好对学生成长至关重要。应当在充满好奇、求知、疑问、猜想的氛围中，使学生对未知充满期待，对学习充满渴求，进而转化为学习的内驱力，学习潜能得到激发。

■ 扬起一双放飞的翅膀

每个学生都是一座等待开发的小岛，教师要善于吊足学生的"胃口"，触碰他们内心的"小宇宙"，给他们创造挑战自我的契机。当教师对每个学生都充满真心、信心，给予他们无限的期望和希望时，学生会还教师一个奇迹。

■ 唤醒、激活学生的智慧

真教育是心心相印的活动，唯有从心里发出来的，才能达到人的心灵深处。教师和学生手牵手站在一起，师生的思想才能彼此激活，数学学习才能具有人情味，才能具有激发智慧、促进人格发展的功效。

（李兰瑛）

13
读懂学生认知过程的策略

《课标（2022年版）》指出："教学活动应注重启发式，激发学生学习兴趣，引发学生积极思考，鼓励学生质疑问难，引导学生在真实情境中发现问题和提出问题，利用观察、猜测、实验、计算、推理、验证、数据分析、直观想象等方法分析问题和解决问题。"可见，只有全面了解、读懂学生的数学学习过程，才能帮助学生真正理解和掌握基本的数学知识与技能、数学思想与方法，获得广泛的数学活动经验。那么，读懂学生学习过程的具体方法有哪些？怎样才能真正读懂学生呢？

策略一：从前测中读懂学生的基础

学生的学习基础包括学生的知识基础、方法基础和经验基础等。由于学生的生活经历、家庭环境及所受的文化熏陶各不相同，个体的智力和知识结构也不同，如何最大限度地满足每个学生的数学需求，开启每个学生的智慧潜能，是每位数学教师面临的挑战。前测可以让教师走近学生，了解学生的真实认知状况，以便更准确地把握教学起点，增强教学活动设计的实效性。那么，什么是前测呢？

课堂前测是指在教学过程中，教师在上课前的一段时间内，通过不同的调查方式对学生进行相关知识预备和相关方法的预先测试，然后有针对性地设计教学活动，并提出相应的课堂教学策略。

通过前测，教师可以了解学生的已有基础、学习困难、学习路径、学习兴趣、思路方法，做到教学设计有依据，教学时心中有学生。选择合适的课堂前测方式，执行符合学生认知发展规律的教学策略，对于提高课堂教学的有效性起着至关重要的作用。

案例及解析

估算之前

前测时间：2012年3月12日。

前测对象：北京市东城区史家小学分校二（4）班的31名学生。

前测形式：问卷。

前测目的：（1）了解学生学习"估算"这部分内容的有关知识基础。(2)了解学生与"估算"有关的生活经验和学习经验。(3)了解学生学习"估算"这部分内容可能存在的难点。

前测过程及分析：

第 1 题：每台空调售价为 1130 元，约是□元。每台电视售价 980 元，约是□元。

目的：调研学生对已有知识——近似数的掌握情况。

数据统计：把 1130 估成与之相近的整十数的有 19 人，占 61.29%；不会估的有 10 人，占 32.26%；空着没写的有 2 人，占 6.45%。

结果分析：学生还没学过近似数，不理解"约"是什么意思。

第 2 题：买一顶帽子大约需要 50 元，请你猜一猜，这顶帽子可能是多少元？

目的：调研学生对近似数估计范围的掌握情况。

数据统计：把帽子的价钱估在一定范围（如 46～54、45～49、49～51……）内的有 17 人，占 54.84%；只能把帽子的价钱确定为一个具体的数的有 13 人，占 41.93%；空着没写的有 1 人，占 3.23%。

结果分析：学生对近似数估计的范围有一定的了解，但不全面，也有一部分学生不了解。

第 3 题：小白兔拔了 46 个萝卜，小黑兔拔了 23 个萝卜，它们大约共拔了□个萝卜。

目的：调研学生的估算意识及对加减法估算方法的掌握情况。

数据统计：

结果	70	60	50	67	68	69
人数	16	4	3	1	2	5
百分比	51.61%	12.90%	9.68%	3.23%	6.45%	16.13%

结果分析：学生在二年级上学期已经学过 100 以内的加减法估算，有一半的学生已掌握加减法估算方法并能根据实际情况解决问题。有 7 名学生有估算的意识，但估的结果离准确值较远。有 8 名学生估算的意识比较淡薄，采用了计算的方法，但由于没学 100 以内两位数加减两位数的口算，有 3 名学生还出现了计算问题。

第4题：你能想出几种方法？

目的：调研学生对加减法估算的方法及估算策略的多样化的掌握情况。

结果分析：

结果	43+28+24=95 ∵ 95<100 ∴ 够	43+28+24 列式同前， 计算出错			100−28−24−43	43+28 43+24 28+24	空
		96	94	65			
人数	19	3	2	1	4	1	1
百分比	61.29%	19.35%			12.90%	3.23%	3.23%

通过分析发现：(1) 学生计算基础较好，口算能力较强。(2) 学生估算意识薄弱，生活经验较少。(3) 学生学习过用"四舍五入"的方法进行估算，但掌握的方法比较僵化，缺少其他策略。由此引发了教师的思考：新课标很重视估算，估算的意义何在？估算的策略有哪些？面对二年级的学生，估算教什么？怎样教才能落实估算意识的培养？

教师想到了利用互动反馈技术引导全体学生参与教学全过程，让学生在购物的过程中，体会估算的价值；理解加法估算的方法和算理；能够结合具体情境，恰当选择估算方法，形成估算意识。希望通过本案例研究解决新课标背景下如何将理论与实践相结合，发现有效的教学策略，提高教师的课堂驾驭能力，增强教学实效性。

小贴士

开展课堂前测要有好的问题，可以根据以往的教学经验及对教学内容的深入分析来确定前测的目的并设计题目。前测后要认真收集数据，从中挖掘学生的真问题，思考如何根据学生的真问题设计教学活动。总之，前测的基本过程是：制订前测计划→实施前测→整理前测结果→进行数据分析→确定教学目标→设计教学活动。

策略二：从表情中读懂学生的需求

研究表明，学生在课堂上有探究、交流、合作、动手操作、获得新体验、个性发展、获得认可等需要。因此，教师要创设宽松、民主、和谐的学习环境，要善于通过学生的表情变化等来捕捉他们的内心世界与认知情况，适时调整教学方案，以适应学生的需要。

案例及解析

怎样围？

学习"周长"时，在"探索得到周长的策略"这个环节中，教师为学生准备了学具（如下图），请学生算一算这些图形的周长。

面对三个学具,有的学生皱起了眉头;有的学生不停地摆弄着,无从下手;有的学生将目光落在周围同学的身上,试图寻求帮助……这时,有个学生举手问:"老师,能用尺子吗?""当然可以了。"老师答道。于是,学生纷纷拿出尺子,比较顺利地得到了前两个图形的周长。面对圆,只有三位学生想到先用一张长方形的纸将圆围一围,再把纸打开拉直测量长度。有一位学生想到在圆片上做一个记号,并把这个记号对准直尺的零刻度线,再沿着直尺滚一圈,读出滚到的地方的刻度,就知道了圆的周长。从学生的表情可以看出他们想探究,但不知如何操作。主要原因在于:一方面,学具准备不够充分,缺少能缠绕的绳子;另一方面,操作的要求不够明确,学生不清楚要干什么。

再次执教"周长"时,教师在每个学具袋中装了一根红线和不同的图形卡片。在学生建立了周长的概念,进入"探索得到周长的策略"这个环节时,请学生利用学具,想办法得到这几个图形的周长(取整厘米数)。

学生打开学具袋,对里面的红线产生了浓厚的兴趣,拿着红线围一围三角形纸片,又围一围长方形纸片,尽管他们小心翼翼地操作,但是线总在滑动,因此比预计的活动时间多出了一倍。在介绍如何得到圆形周长的方法时,只有个别学生说:"先用线围一围,再把它拉直,量线的长度。"教师一再启发:"还有不同的方法吗?"学生还是一脸茫然。

明确了操作要求、增加了学具,学生的思维却被限制住了。问题到底出在哪儿?怎样才能满足学生的需求呢?带着困惑,教师访谈了部分学生:"用尺子测量三角形及长方形的周长多方便呀,你们为什么非要用那根红线呢?"一位学生马上说:"学具袋中没有尺子。"原来,学生不认为自己的尺子也是学具,以为只能用教师提供的学具袋。"昨天上课,老师没提供红线,你们想出了两种测量圆的周长的办法,真了不起。能说说当时你们的想法吗?"一位学生说:"开始测量圆的周长时,我们遇到了困难,不知道怎么办,但后来我们发现长方形纸能卷出一个圆……"看来,满足了学生的体验需求,即使条件有限,人的潜力也是不可估量的。

找到问题的症结后，教师为学生精心准备了三组操作材料。三组共有的是一把直尺、三角形和长方形纸片各一张、一个圆形塑料片；不同的是，有的组是一根红线，有的组是一段细纸条，有的组只有共同的部分。

第三次执教时，教师把学具随机发给学生并且告诉他们："为了研究方便，老师为你们准备了学具，每个组的学具不完全相同，请你想办法利用手中的学具得到这三个图形的周长。"学生很快用直尺测出了三角形和长方形的周长。这时，一位学生迫不及待地说："老师，我不是量出三条边。""你的方法是？""我用线沿着三角形的边绕了一圈，再看看线有多长就行了。"他边说边拿起学具比画。坐在前排的一个小男孩喊道："我有办法了，可惜我没有线。""快说说你的想法。""用线在圆上围一下，也能知道这个圆的周长。"男孩解释着，更多的学生微笑着表示赞同。"老师，我们组没有线，把圆片上的小苹果的把儿对准尺子的零刻度线，再沿着尺子滚到苹果把儿，看看对着几，圆的周长就是几。"教师由衷地说："你真爱动脑筋，虽然尺子绕着圆不好测量，但是可以让圆在尺子上滚动，多好的想法啊！"

小贴士

眼睛是心灵的窗户，教师上课时，应尽可能以敏锐、亲切的目光有意识地关注每一个学生，从学生的表情中捕捉信息，进行解读，并适时调整教学活动，尽可能地激发学生学习的积极性。我们要从学生的表情中努力读懂学生间的差异，并将其作为教学资源，这样才能因材施教，才能让每个学生在自己的"最近发展区"得到最大限度的发展。

策略三：从追问中读懂学生的思路

所谓"追问"，就是在学生基本回答出教师的提问后，教师有针对性地"二度提问"，即在前次提问的基础上延伸和拓展。这种一问之后的再次补充深化、探究归纳、沟通联系，会再次激活学生的思维，促进他们深入探究，从而提高学生的学习能力。

追问的目的在于让问题有效地把学生引向"最近发展区"，让学生感受到进行智力活动的乐趣。追问对于培养学生思维的深刻性、敏捷性有着不可忽视的作用。

 案例及解析

怎么算？

杨帆老师在教学"进位加法"时，给学生出了这样一道题：星期天的上午，小君要去寄信、买书、买东西，然后再回家（如下图）。小君可以怎样走？走哪条路最近？

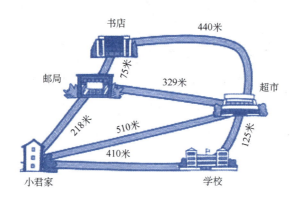

生：可以从家走218米到邮局，再走75米到书店，再走440米到超市，再走510米回家，这样最近。

生：我有更近的路线：先从家走218米到邮局，再走75米到书店，再往回走75米回邮局，再从邮局走329米去超市，最后从超市走510米回家。

师：都说自己的路线最近，怎样证明呢？

生：可以把这两条路线走的距离算出来，再比一比就知道了。第一条路线是218＋75＋440＋510，第二条是218＋75＋75＋329＋510。

师：有道理！会算吗？

生：（齐）会！

师：（追问）直接算出答案再比大小，当然很好！可是，算这么多数相加，很复杂的。有没有更简单的方法？

生：我发现了！其实只要把440和75＋329比大小就行了！

师：你真聪明！想到了这么简单的方法，只算一次就行了！

生：我的方法还可以更简单，75＋329的得数都不用准确计算，估一估就行了，75比100小，就算是100，加起来才是429，75＋329的得数肯定比429小，当然更比440小啦！

师：真是太棒了！其实只要比出440和75＋329的大小就行了，连算都不用算，你的想法更简便！

本案例中，杨老师没有满足于"先算出答案再比大小"这种方法，而是追问除了计算出答案有没有更简单的方法，这一追问让学生打消了"机械计算"的念头，深入探索更优化的方法。这种"优化思想""创新意识"的培养，离不开有效的追问！

小贴士

> 教师在课堂中的有效追问，让学生不仅有问题可想，而且有话可说。适时的、有创意的追问是教师课堂机智的充分表现。成功的追问不仅是课堂的亮点，也是突破教学重难点的有效手段，更是培养学生思维的重要途径。

吴老师支招

■ 尊重是读懂的前提

学生是活生生的人，有自己独立的人格。要想走进学生的心灵、读懂他们，就要充分地尊重、理解他们，满怀真情地倾听他们的心声，帮助他们消除心理上的障碍，为他们创设宽松的氛围，让他们敢于辩论、勇于挑战、善于创造和探索。唯有尊重，才有可能读懂学生。

■ 全面了解学生需求是读懂的基础

吴老师说，"有营养"的数学教育就是学生在学习数学知识的过程中获得终身可持续发展所需要的基本知识、基本技能、基本数学思想、基本数学活动经验、科学的探究态度及解决实际问题的创新能力。"好吃"的数学教育就是把"有营养"的数学烹调成适合孩子口味的数学、学生需要的数学。教师只有从多方面、多角度去读懂学生，才能把握教学起点；只有全面了解学生的需求，才能更好地因材施教，创建学生喜爱的课堂。

■ "换位思考"是读懂的手段

"用心去爱每一个学生"是师爱的最高境界的有力体现。而只有"换位思考"，才能真正做到以真诚的爱去理解、宽容、尊重和关心每一个孩子。教师一定要学会站在学生的角度想问题，了解学生的心理特征、生活经验、认知基础、思维障碍和成长规律，用真诚的爱心去读懂学生，使每个学生都能得到充分的发展。

■ **在与学生的"对话"中读懂学生**

教师要学会与学生"对话"，在"对话"中读懂学生的情感、思维和成长的需要，从而提高教学过程中的决策能力，有效引导学生的思维过程。让我们共同努力，全面了解学生的成长状态，用心解读学生的成长需求，真心寻找学生发展的可能空间，真心与学生做朋友！

（宋燕晖）

14
建构互动交流的策略

> 吴老师认为,课堂教学是师生生命重要的交往历程,是师生用心对话、真情互动的过程,所以课堂是鲜活的、有生命力的场所。在每一个"生命的互动历程"中,吴老师以对话、沟通和合作活动为载体,让学生在对话中放弃错误观点,吸纳他人的正确观点,在倾听中完善自己的观点,在活动中积累经验,形成自己的思考,在交流中内化、形成自己的观点,最终实现师生共享、共识、共进。在积极参与的互动中,建构起的不仅是鲜活的数学,更是生命的跃动。

策略一：促进思维活动

著名思想家卢梭曾说："儿童是有他特有的看法、想法和感情的；如果想用我们的看法、想法和感情去代替他们的看法、想法和感情，那简直是愚蠢的事。"在吴老师的课堂中，学生拥有足够的空间，一个个富有挑战性的问题情境，有效激活了学生的思维，使学生的认识由感性上升到理性。给学生创造机会，引导学生开展积极的思维活动，是师生互动的序曲。

案例及解析

什么时候估？

教学"估算"时，教师用课件演示了青青和妈妈去超市购物的情境。

师：请看青青在超市里遇到了什么问题。

（课件展示五种商品的价格：牛奶 48 元/盒、果汁 23 元/盒、巧克力 69 元/盒、饼干 16 元/盒、水杯 31 元/个。）

师：青青和妈妈买了五种商品。妈妈在想，我只带了 200 元钱，到底够不够？收银员阿姨在想：我怎么把数据输入收银机里？

师：请小朋友们考虑：在下列哪种情况下，估算比精确计算有意义？

A. 当妈妈想确认 200 元钱是不是够用时。

B. 当收银员将每种商品的价格输入收银机时。

C. 当青青被告知应付多少钱的时候。

师：这三种情况，你认为哪种情况要用估算？用手势告诉我。

师：大部分小朋友选第一种，这个"小青青"（指着班里的一名学生）选的是第三种。"小青青"，你为什么选择第三种呢？

师：假如我是收银员。你花了186元，186元接近多少元？

生：200元。

师：那我就这样说："'小青青'，给我200元吧。"给吗？

生：不给。

师：为什么不给？

生：只花了186元呀。

师：估一估不就是200元吗？给吧！

（该生挠挠头，作思考状。）

师：在这种情况下，你说是需要计算准确值还是需要估算呢？

生：需要准确计算。

师：对，输入收银机时一定是精确数。估计钱够不够的时候，估算就可以了。到底什么时候估一估，什么时候精确算呢？我们来慢慢体会，好吗？

在什么情况下要用估算，在什么情况下要用准确计算，是培养学生的估算意识、估算能力以及灵活地选择合理的估算方法解决问题的前提。"青青和妈妈购物"情境，在数学的关键点上提问，让学生在非常自然的情况下，感受估算与精确计算的价值，体验"具体问题具体分析"的深刻道理，建构起了积极的思维活动。

小贴士

对学生而言，他们有了思维活动的产物就需要展示，在展示中才能"去伪存真"，获得认可、修订和再建构。否则，前面的思维活动就没有了着陆的机会，也就失去了应有的效应。这是一个自我认知、获得甚至超越的过程，学生可以在这个发现的过程中领悟到很多东西，逐渐积累直接活动经验。

策略二：搭建展示平台

在思维活动有了产物的基础上，应当为学生建立展示思维过程与结果的平台，让学生表达真实的想法，而教师要做的就是耐心倾听，传递交流的信息，不做"对"与"错"的评定，而是寻找学生想法中积极的因素，做出准确的价值判断，这是师生间心灵与心灵的互动。

案例及解析

有什么办法证明你的结论？

在教学"重叠"的过程中，吴老师抛出问题："一位同学站在队列里从前数是第五个，从后数也是第五个，那这一列有多少人？"学生马上报出答案："11个。""10个。""9个。"这时吴老师没有急于下结论，而是微笑着说："别急，孩子们等一等。你们有什么方法能证明你们的结论是正确的？"

接着，吴老师让学生独立思考，动手操作解决这个问题。同学们各自上讲台展示了解决方法：有的画图表示，有的列式计算。吴老师指着图问："你这里的圆圈表示什么？……"然后又启发学生互问，如提出问题"为什么要减1"等。

讲台不是教师表现自我的舞台，是学生展示自我、激发智慧的平台。学生渴望被理解、被肯定，教师耐心的倾听便是充分的尊重与激励，其中更有我们看不到但能感受到的师生间心灵与心灵的沟通。学生的潜力被激发出来，他们用自己的方法验证着所得的结论。

小贴士

> 思维的碰撞可以培养学生的学习兴趣，树立自信心，激发他们创造的激情。在错综复杂的事物中抓住问题的核心，进行简洁清晰的阐述并给出解决建议，并不是一件简单的事情。这是一个激发学生的智慧，调动学生进入数学活动状态的过程。

策略三：建构对话空间

捷克教育家夸美纽斯指出："应当像尊敬上帝一样地尊敬孩子。"因为人的精神生命中最本质的需要就是渴望得到赏识、尊重、激励。吴老师善于抓住契机，建构起思维碰撞的互动对话的空间，使学生在思维活动的基础上生成展示的渴望，通过追问、反问甚至辩论等，达成情感的爆发，即互动的外化，实现理性的建构。

案例及解析

"匀乎"出的平均数

在教学"平均数"时，一上课吴老师就别开生面地向全班提出："咱们分两组来做拍球比赛好吗？"孩子们自然喜出望外。

"怎么比？"每人都拍球时间来不及，大家提议"选代表"，于是每组派四人，并当场根据每位代表的拍球个数进行了统计。不一会儿，甲组发现本组拍球总数超过乙组，高兴地欢呼起来。

此时，吴老师自告奋勇地参加比赛，并把她的拍球数加入乙组，顿时，乙组的总数明显增多。孩子们很不服气，喊道："这不公平！""怎样才能公平呢？"有的说："甲组也再加1人。""如果不允许加人呢？难道在每组人数不相等的情况下就不能比出高低吗？"矛盾激化了，这时有个孩子站起来用手比画着说："把每组几个人拍球的个数匀乎匀乎……"

这一"匀乎"，表明孩子们已经从实际问题的困惑中产生了"求平均数"的需求，走向了探求"平均数"的本质。吴老师随即引入了"平均数"教学，与同学们共同探索求平均数的方法。

小贴士

> 追问与反问是互动的灵魂。追问是在学生思维的模糊处，反问是在学生思维发生偏差或障碍时，或是针锋相对、步步紧逼，或是故作疑惑、诱发新意。在不断地追问与反问中，激发学生的思维，建构对新知识的理解。

故事背后的道理

"小数除法"课堂练习中，吴老师通过一个问题把孩子们引入了问题的讨论中：请计算 51÷2 并讲故事。

孩子们借助真实的情景兴致勃勃地讲起了故事："用51元买2本同样的书，每本多少钱？""51个苹果平均分给2个班，每个班多少个？""把51米的绳子分成2段，每段多少米？"……

吴老师继续追问："你们能从不同情境中讲故事，都很棒，但又一个新问题出现了，'具体情境没有了，你能讲讲51÷2的道理吗？'"

于是，孩子们从"元、角、分""米、分米、厘米"的情境中跳出来，开始了对"51÷2"的再讨论，小数除法的算理自然流淌：51个"1"除以2，得到25个"1"，余下1个"1"不够除；将余下的1个"1"变成10

个"0.1",再继续除以2,得到5个"0.1"。

就这样,慢慢脱掉具体情境的外衣,最终落到了数学的本质——分"计数单位"上。这是一个由具体到抽象,再由抽象到具体的认知过程。孩子们充分感受到了小数除法的本质,即"细化单位"继续分,逐步走向小数除法的深处。

下课铃声响起,孩子们还在不停地追问:"如果还有余数怎么办?""会不会分到0.00……01还有余数呢?"不知道是谁喊了一声:"那叫'螺旋小数'吧。"

孩子们纷纷为这节课起名字:"分余数""分、分、分,继续分"。

课后现场访谈时,有位同学说:"听哥哥说小数除法好难,可是今天我发现,小数除法并不难。它和整数除法是一样的,整数除法余下的数不够除了,就换成小一点的单位继续分,道理是一样的!"

"小数除法"从尊重儿童需求出发,关注儿童的思维走向,逐步进入儿童的认知世界。通过有挑战性的学习任务,让儿童在"问题链"中学会发现和提出问题,逐步实现自我的价值,从而达到对数学本质的认识和理解。所以,教师要善于读懂儿童思维,让思维在"问题链"中"浅入深出"。

小贴士

> 独立思考、对话、讨论、辩论、提问题是吴老师课堂中常见的场面,这些过程中既有思维的碰撞,在碰撞中建构起数学的思考,又有互相配合、互相帮助,与他人的交际能力、合作能力也在悄无声息中得到提升。

吴老师支招

深入理解知识点的本质,挖掘知识点中蕴含的数学思想与方法,以思想方法带动知识的教学;深入了解儿童,了解他们的兴趣与习惯，了解他们的认知特点与学习困惑，教在需要教的地方。这些是师生之间互动建构学习的基础。实现生生之间有效的互动建构学习，还要注意以下三点：

■ 建构积极的思维活动

只有思维参与的活动，互动才是有源之水、有本之木。根据教学内容与学生的认知水平，创设有意义的问题情境，激活学生的思维，在思考、操作、交流、讨论等活动中积累经验与素材，是师生互动的开始。

■ 建构展示思维的平台

思维只有外显出来，才能发生碰撞，在碰撞中实现发展。在这种交流中要注意关注学生被理解、尊重的需要，善于抓住契机。在展示学生的思维过程中，教师除了耐心倾听，还要善于抓住问题的本质，巧妙运用各种策略，将学生的思维引向深入。这不仅仅是尊重与理解，更是师生间心灵的互动，是"情"与"理"交织成的乐章，是师生互动的深入。

■ 建构碰撞的互动空间

思维的结果与情感的积蓄，必将在活动展示中迸发，在讨论、辩论中实现理性建构，实现自主认知的建构。通过展示思维过程将问题聚焦，进而运用讨论、辩论等策略，实现思维的碰撞，在碰撞中清晰，这是生生互动的升华。升华出的不仅是意义的建构，更是数学思维的魅力。

（杨新荣）

15
创设认知冲突的策略

　　认知冲突是指当个体意识到个人认知结构与环境或个人认知结构内部不同成分之间的不一致时所形成的状态。学生在接受和形成新知识体系前，往往会产生大量无法预测的思维行为，包括时而合乎逻辑和时而不合逻辑的判断、推理等，从而形成认知冲突。在教学过程中，教师要学会引发学生的认知冲突，促进学生积极、主动地建构自己的认知结构。因为认知冲突会激起学生激烈的思维振荡，引发学生的学习需要，使学生生成乐于学习、主动探索、渴求获取问题解决办法的心理倾向，从而调动学习积极性。那么，应该如何促成学生的认知冲突？

策略一：关键点引发冲突

教学中有不少关键点容易引发学生的冲突，冲突的发生正是课堂教学的盲点和死角，若能巧妙利用，可使之变为亮点和广角。教师应沿着学生暴露和呈现错误的轨迹，探明源头，对症下药，引导学生从正反两方面思考、比较、修正，培养学生思维的灵活性和创造性。

案例及解析

"平均数啊，你真公平！"

教学"平均数"时，学生感到用比总数的办法来决定胜负不公平，怎么办？最后，学生想到了"平均数"。

"怎么计算每个队拍球的平均数呢？"吴老师再次抛出问题，学生提出了计算方法：(7＋13＋14＋10)÷4＝11（个），(10＋13＋16)÷3＝13（个）。

学生看着计算结果，一下子就比较出两队拍球水平的高低。此时吴老师又一次抛出问题："刚才你们说在人数不相等的情况下比总数不公平，现在平均数的出现使得问题得到了解决。此时此刻，你不想对平均数说些什么吗？"

有学生说："平均数啊，你真公平！"

有学生说："平均数，让不公平变得公平了！"

……

对于关键点，教师没有马上否定或肯定学生的答案，而是充分展示学生的思维过程，引导学生在争论中辨理，使学生在思维碰撞中感受平均数产生的必要性和数学知识的价值，实现自我建构。

小贴士

教学中有不少关键点容易将学生引向困惑，这些关键点既有知识方面的，也有思维层面的，单纯地提醒或告知很难让学生对知识本质有真正的理解。引发学生产生认知冲突，呈现学生的思维过程，让学生在争议的过程中获得结论，学生才能真正形成自己的认知。

策略二：困惑处制造冲突

面对新的知识或未曾研究的问题，学生往往会根据原有经验解决，但在解决过程中又会产生新的困惑，这就是认知困惑点。在困惑处制造认知冲突，可以营造探究的氛围，激发学生探求新知识的欲望，实现学生自主建构知识的过程。

 案例及解析

图形的密铺

在教学"图形的密铺"时，教师出示了下面几幅图，并提出问题：猜一猜，下面哪些图形可以密铺？哪些图形不能密铺？

学生凭直觉得出：三角形、长方形、平行四边形、正六边形都能密铺，圆不能密铺。对于正五边形和不规则四边形能不能密铺出现了分歧。

对此，教师为学生提供图形，让他们亲自拼一拼："这些图形到底能不能密铺，请同学们利用手中的学具，动手拼一拼，看看有什么发现。"

在拼摆过程中学生发现：看似规规矩矩的正五边形在组合时有一点空缺，不能密铺，而不规则的四边形却能密铺。

当学生感到欣喜时，教师没有停留在结论上，而是追问："这是为什么呢？"

见学生百思不得其解，教师出示课件进行了演示并引导学生："全面观察图形，你们有什么启发？"

通过观察，学生发现：原来相交于一点的四个角恰好是四边形的四个内角，而四边形的内角和是360°，所以一定不会有空隙。

"不规则的四边形与正五边形能不能密铺"是学生第一次产生的困惑，"看似规规矩矩的正五边形不能密铺，不规则的四边形却能密铺，这是为什么呢？"是学生的又一个困惑。困惑与认知冲突总是相伴而来，教师抓住它们，在学生一筹莫展时，利用课件进行演示，并引发学生积极的思维活动，问题也就迎刃而解了。

小贴士

> 学生的学习过程就是解惑的过程。"惑"由谁来解？解铃还须系铃人。所以教师要学会退，将学生向前推，这一退和一推之间反映了一种教学观念、教学行为的根本改变。教师看似退后，实则把更多的思考空间留给了学生，对学生的学习起到了向前推的作用。学生只有真正站在台前，才能自主探索和发现知识，才能理解知识的本质。

策略三：平衡中激活冲突

随着年级的升高，学生对新知识或多或少有了一些认识与了解，这个阶段的学生最易出现"原认知平衡"，即把知道一点当成了解一片，把片面认识当成全面认识。因此，在教学中要想办法打破学生的原认知平衡状态，激活认知冲突，让学生在学习中有新思考、新感悟、新问题和新追求。

案例及解析

格子不够了

在教学"简单的数据分析"时，教师提出要求："请同学们根据收集的数据，用学过的方法表示出全班喜欢各项体育运动的人数情况。"

学生开始用条形统计图表示，不一会儿就遇到了困难：喜欢游泳的人数太多（有20人），而纵轴的格子只有10个。学生不禁面露难色："这可怎么办？""是呀，纸的空间太小了，不能表示出喜欢各项体育运动的人数，怎么办呢？"教师提出了问题。

利用学过的条形统计图解决问题遇到了困难，学生建立的认知平衡被打破了。

有的学生提出："向上加格子。"他的提议立刻引起其他学生的反对："这个办法不行，上面已经没有地方加了。"

"那该怎么办呢？"教师此时似乎也陷入了困境。

有的学生提出："我觉得可以用1格表示2个单位，这样就够了。"

"嗯，他给了我们提示，看来1格不仅可以表示1个单位，也可以表示 2 个单位。"教师面带微笑。

这时，又有学生提出反对意见："这种方法挺好的，但也有点问题，喜欢打乒乓球的有 5 人，不能用整格来表示，这样太麻烦了。"

还有学生提出："我觉得最好用 1 个格子表示 5 个人。因为喜欢打乒乓球的有 5 人，是 1 个 5；喜欢跳绳的有 10 人，是 2 个 5；喜欢游泳的有 20 人，是 4 个 5。用 1 个格子表示 5 个人，正好是整格，表示起来方便。"

"对于他的办法，你们有什么想法？"教师询问。

短暂的平静后学生们纷纷点头赞成。

教师肯定之后顺势引导："请你们想一想，在制作统计图时，怎样确定 1 个格子表示几个单位？"学生的思维再一次被教师的提问引向了深入。

"纸的空间太小了，不能表示出喜欢各项体育运动的人数，怎么办呢？"教师的一个问题，打破了学生的原认知平衡，激活了学生的认知冲突，使学生产生研究问题的欲望。

小贴士

> 学生的学习要经历发现问题、提出问题、分析问题、解决问题的过程，这也是一个在原有认知基础上产生不满足、不平衡，进而通过问题的解决获得新平衡的过程。所以，确定那个打破原有平衡的"点"究竟在哪里，也就显得格外重要。

吴老师支招

■ 挖掘教材中能激活学生认知冲突的内容

小学数学教材的编写遵循循序渐进、螺旋上升的特点，低年级时学习的知识相对简单、具体，随着学习不断深入，在新、旧知识点的衔接或过渡处，学生容易遇到无法用旧知识和经验解释的新知识，遇到生活经验与现实数学知识之间的矛盾，遇到直觉思维与客观事实之间的矛盾。此时，教师应当因势利导，设置认知冲突，引导学生根据新、旧知识的共同点比较其不同点，让旧知识促进新知识的学习，把握二者的联系与区别。

■ 营造能够激发学生出现认知冲突的氛围

教学最佳时机是特定的教学者与教学对象之间客观存在的可以获得最佳教学效能的一种机遇。孔子提出"不愤不启、不悱不发"，"愤"是学生对问题积极思考、急于解决而未能弄懂时的矛盾心理状态；"悱"是学生对问题已有所思考，想说又难以表达的另一种矛盾心理状态。二者都蕴含着学生解决矛盾的需要和强烈的求知欲。孔子认为，这是进行教学的最佳时机。课堂教学中，教师要有意识地帮助学生意识到认知差距的存在，使之在心理上产生不平衡感，通过对教学最佳时机的利用、转换，帮助学生更好地接受新知识，达到更高水平的新平衡。

■ 设计能够引发学生产生认知冲突的问题

在教学中，教师要善于创设有探究价值的问题情境，使学生产生认知冲突，把学生引入自主探究体验的氛围，激发他们的学习兴趣和学习动机，让他们在解决问题的探索过程中逐步提升认知水平。

（王蕙）

16
问题解决的策略

《课标（2022年版）》强调从学生已有的生活经验出发，让学生亲身经历将实际问题抽象成模型并进行解释与应用的过程，进而使学生获得对数学的理解，同时在思维能力、情感态度与价值观等方面得到进步和发展。叶圣陶先生曾说：教师教任何功课，"讲"都是为了达到用不着"讲"，换个说法，"教"都是为了达到用不着"教"。这启发我们，在小学数学课堂教学中应以学生全面、主动、和谐发展为中心。为此，教师应合理运用学习策略，最大限度地调动学生学习的积极性，鼓励学生对问题敢想、敢问、敢说、敢做，在数学王国里自由探索，从发现中寻找快乐，主动获取知识，体会到数学的应用价值。

策略一：观察中发现问题

数学源于生活，让学生在熟悉的场景中感悟数学，符合小学生的认知特点和要求。因此，我们要为学生提供大量发现并能提出数学问题的情境和参与的机会，让学生亲身感受到数学问题的存在，并通过观察读懂身边的数学，培养问题意识。

 案例及解析

哪两个班可以同时乘船？

在教学"两位数加两位数口算"时，教师导入一个生活情境：春天来了，学校组织二年级四个班的同学坐船去鸟岛春游。当学生兴奋地想随着情境图的引导去鸟岛看看时，很自然地能从图上发现两个问题：哪两个班可以同乘这条船？可以怎样选择？从而带着问题走向探究。

利用生活情境导入能激发学生的好奇心，集中学生的注意力，这样的设计使学生愿学、愿做，数学学习效果自然事半功倍。

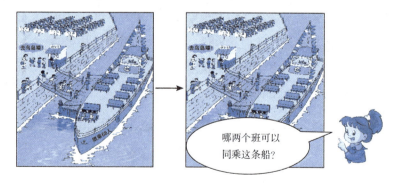

小贴士

学生能否从数学的角度观察现实生活和周围事物，从而发现和提出有价值的数学问题，是其数学意识强弱的重要标志。正如爱因斯坦说的：提出一个问题往往比解决一个问题更重要。教师作为学生数学学习活动的组织者、引导者与合作者，首先应该给学生提供情境和气氛，激发学生探究、解决问题的欲望，让学生成为数学问题的发现者与解决者。

策略二：操作中探究问题

苏霍姆林斯基说："手是意识的伟大培育者，又是智慧的创造者。"动手操作是学生由具体形象思维向抽象逻辑思维过渡的必要手段，是学生手、眼、脑等多种感官协同活动的过程。多种感官参与学习活动，不仅能使学生学得开心，而且对知识的理解更深刻，记忆更牢固，有利于发展学生的数学思维，培养学生的创新精神和实践能力。

案例及解析

小棒摆一摆

在教学"两位数加两位数口算"时，在学习新知识的环节，教师两次让学生动手操作小棒。第一次是在学习两位数加两位数不进位口算时，学生边摆小棒边说：先拿出23根小棒，又拿出31根小棒，把2个十和3个十的小棒放在一起是5个十，再把3根小棒和1根小棒放在一起是4根小棒，把 5 个十和 4 个一的小棒合起来就是 54，所以 23 + 31 = 54。第二次是在学习两位数加两位数进位口算时，学生边摆小棒边说：先拿出 32 根小棒，又拿出 39 根小棒，把 3 个十和 3 个十的小棒放在一起是 6 个十，再把 2 根小棒和 9 根小棒放在一起是 11 根小棒，也就是 1 个十和 1 个一，把 6 个十和 1 个十、1 个一的小棒合起来就是 71，所以 32 + 39 = 71。

这两次动手操作，让学生经历了"动中思考、动中表述"的过程，有利于学生自主发现、自主理解两位数加两位数口算的算理，把学习过程变成自主操作、自主表达、自主交流的过程，从中初步感受自主学习带来的喜悦。

小贴士

> 在操作实践中，让学生发现并解决问题，把抽象的知识具体化，促进了概念的形成。课堂教学要改变以往由教师提出问题、解决问题的教学模式，充分利用学生的知识经验和生活经验，鼓励学生主动发现问题，并尝试采用观察、动手、探究等教学策略解决问题。

策略三：交流中解决问题

在数学活动中，学生是活动的主体。教师不仅要为学生提供自主探索的机会，还要鼓励学生在学习中与同伴进行合作与交流。

 **案例及解析**

圆的周长是多少?

在教学"圆的周长"时,当学生对"如何知道手中圆片的周长"感到困惑时,教师组织学生在独立思考的基础上相互交流:是用绳子绕圆一周,然后把绳子拉直在直尺上量出长度,还是先在圆上定个点,然后直接在直尺上滚动一周,量出长度?这时有学生提出疑问:"黑板上画的、空中旋转的圆怎么滚、怎么绕?""圆的周长与什么有关系?有怎样的关系?"……一系列疑问把学生引向更深一层的思考。学生再次带着问题与同伴合作交流,终于发现:圆的周长与直径、半径有关系;同一个圆中,圆的周长总是直径的3倍多一些。

可见,合作交流学习能使学生对知识点反复深入思考,发现问题并进行解决,也有助于学生创新思维能力的提高。

小贴士

> 良好的合作交流意识和能力是现代人应具备的基本素质。发现并提出问题是手段而非目的,最重要的是让学生能创造性地解决问题。因此,教师在教学中要给学生提供自主探索并相互交流的机会,引导学生在观察、实验、猜测、验证、交流等活动中解决问题,并发展学生解决问题的能力。

策略四:练习中深化问题

《课标(2022年版)》指出:"关注社会生活中与数学相关的信息,主动参与数学活动,在解决数学问题的过程中,能够克服困难,树立学好数学的信心,感受数学在实际生活中的应用。"这一要求揭示了数学与实际生活的关系,数学来源于实际生活并为之服务,两者相互依存,缺一不可。教学应当使学生面对实际问题时,能主动尝试从数学的角度运用所学知识和方法寻求解决问题的策略,体现"人人学习有价值的数学"的教学理念。

   案例及解析

长方体体积到底是多少?

学习"长、正方体的体积计算"后,教师设计了这样一道题(见下图)。

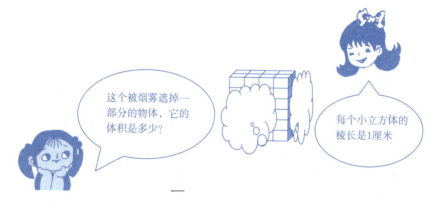

学生通过观察知道,这个物体的长、宽、高分别为4厘米、2厘米、6厘米,根据长方体体积的计算公式得出体积为48立方厘米。课件演示去掉烟雾,让学生说出物体的体积是多少。学生能很快说出体积还是48立方厘米。再把方格去掉,学生又能很快说出体积仍是48立方厘米。之后,利用多媒体手段把这个长方体拉大(见下图),再让学生说出它的体积是多少。

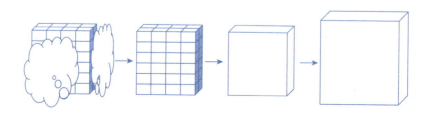

学生都说不知道。怎么得出结果，需要学生自己想办法解决。

这个环节的设计从学生喜欢的"猜一猜"入手，从具体到抽象，并且在学生解决问题时引发再思考，让学生发现新问题。这样既活跃了课堂气氛，又激发了学习兴趣，真正实现了人人参与、人人学会、人人会学的目的。

小贴士

> 创设良好的情境，关注学生的兴趣需要，激发了学生学习的积极性，提高了学生的参与度，引发了学生的思考，这样的课堂有效地提高了教学效率。

吴老师支招

■ **在创设情境中，发现并提出问题**

数学知识比较抽象，学生在学习数学的过程中要善于发现问题。有发现才能有思考，有进步，有创造。引导学生寻找数学问题，是学生探索数学价值、培养数学应用意识的前提和最基本的条件。为此，教师应想方设法地让学生在学习过程中发现并解决数学问题，从而提高学生的数学思维能力和创造能力。

实际生活中的问题各种各样，只有让学生来到实际生活中，他们才能发现问题、提出问题，才能深刻体会该怎样解决问题。让学生在获取知识的同时体会到数学就在身边，经历知识发现的过程。

■ **在探究空间中，分析并解决问题**

数学中的解决问题包括两种情况：一是解决数学本身的问题；二是运用数学知识解决现实生活或其他学科中的实际问题。每个学生都有各自的知识体验和生活积累，以及对问题的不同理解，并在此基础上形成自己解决问题的策略。教师应鼓励学生从不同角度思考和解决问题,促进学生解决问题能力的提高和发展。在教学活动过程中尽可能安排一些学具的操作,尽可能多地让学生动手摆一摆、拼一拼、量一量,在做一做、看一看、想一想的活动中亲身体验,理解新知识,从而提高数学能力。

■ 在反思练习中,引发并产生新问题

练习是巩固所学知识,形成技能、技巧的必要途径,是教学的一个重要环节。要使学生保持愉快的心情、振奋的精神,教师就要从儿童的现实生活和童真世界出发,设计符合儿童心理特点的练习形式。在课堂教学中培养学生发现问题和解决问题的能力,学生的主动参与是关键,教师的点拨是保证。教师应由浅入深、循序渐进地鼓励学生发现问题、解决问题;从多角度鼓励不同层次的学生发现问题,积极探索问题,以小组合作的形式帮助每个学生成长。

(赵彦静 程爱新)

17
比较的策略

> 比较是教师引导学生初步认识数学概念、形成推理意识不可缺少的策略和方法。比较策略的使用能够使学生对研究对象的认识不再是孤立的、零碎的,而是全面的、系统的。小学数学教学中使用这种教学策略,有利于帮助学生深入辨析概念、形成技能。
>
> 俄国著名教育家乌申斯基说:"比较是一切理解和思维的基础,我们正是通过比较来了解世界上的一切。"教师单纯依据教材的特点、学生的认知发展水平和已有的生活经验来讲解,往往难以给学生留下深刻印象。比较策略可以帮助学生找准知识的相同点与不同点、联系与区别,分清具体与抽象,可以促进学生的学习,帮助学生分清概念,获得规律性的认识。吴老师是如何看待比较策略的?在课堂教学中又是怎样运用的呢?

策略一：利用体验进行比较

教师在教学"克的认识"时，经常会设计估计物体质量这一教学环节，帮助学生体验"克"是一个表示较轻物体质量的单位。在估计物体质量的过程中，学生估的结果五花八门，甚至变成了盲目地猜。教师精心设计的活动失去了价值。如何让学生能够比较准确地体验物体的质量单位呢？

案例及解析

1克和10克怎么估计？

吴老师在处理这一环节时，不仅注意增强学生的体验，还积极引发学生的数学思考，帮助学生厘清估测物体质量的方法。教学中，吴老师帮助学生确定两个质量标准：一个是1克的质量，另一个是10克的质量。在学生感受1枚2分硬币的质量是1克的时候，引导学生一只手拿着1枚2分硬币，用它的质量作为标准，另一只手分别拿花生米和黄豆，进行比较，从而估出1粒花生米、几粒黄豆约重1克。在体验"克"这个质量单位的过程中，整节课学生始终是以两只手对比着掂进行的。对比体验结束后，吴老师问："你们是怎么估计的？估计得可真准！"此时学生开始兴奋了，一个个举着小手说："我们是比出来的。"

正是因为吴老师有计划地设计了"比"这一活动，才让学生的活跃不只是停留在表面，思维也在活动，体验活动在思考之后有了光彩，量感的培养蕴含其中。

小贴士

吴老师充分利用掂一掂、比一比、估一估、称一称的方法，帮助学生找准一个参照物，把学生利用一个质量单位进行比较的估外显化。通过与参照物的比较，学生的估变成了有方法的估，此时，学生对"克"的认识已经深入人心。由此，教师可以发现，一些需要通过估来体验的活动，如教学时间单位、长度单位、面积单位、数的认识等，均可以采用比较的策略。

策略二：利用知识关联进行比较

数学是一门逻辑性强、前后知识联系紧密的学科。联系旧知识学习新知识是学习数学的重要方法。学生在认识新知识时，往往会以旧知识为依托，但新知识又有自己的特点。此时教师运用比较的教学策略，适时帮助学生进行新旧知识的对比，会收到事半功倍的效果。

案例及解析

圆柱和圆锥有什么关系？

教完圆柱的认识和体积公式推导后，要进行圆锥的教学。单独从圆锥外表认识，也许学生的印象不够深刻。这时吴老师一只手拿一个圆柱，另一只手拿一个圆锥，让学生比较它们的不同点和相同点。学生很快发现圆锥也有一个面是曲面，但只有一个底面。个别学生还能想象出，如果圆柱的一个底面不断缩小，就变成圆锥了。圆锥也有高，但它不再像圆柱一样是两个底面之间的距离，而是顶点到底面的距离。在比较中，学生认识的主动性增强了，而且能深刻地理解事物的特征。

在进行圆锥体积的探究时，吴老师让学生观察电脑演示：一个圆柱的一个底面不断缩小，缩成一个点后变成圆锥，并思考原来的圆柱和现在的圆锥什么没变，什么变了。学生很快就发现底、高没变，但体积变小了。问到小了多少时，学生先目测比较，然后大胆猜想，最后通过动手测量，得到它们体积的变化关系：圆锥体积等于和其同底等高的圆柱体积的$\frac{1}{3}$。

吴老师教学"圆锥"这个新知识时，始终和已经学过的圆柱知识进行对比，在这一过程中，学生很快就掌握了圆锥的知识。

小贴士

> 教师提供新旧知识对比的学习机会，让学生主动经历了"比较—发现—认识"的过程，想象能力和思维水平得到了显著提高。这时，学生更加了解圆柱和圆锥的特征。有了圆柱体积作为依托，圆锥的体积计算对学生来说已经不是问题。更重要的是，学生在不断比较、辨析的过程中不仅找到了二者的区别，还找到了联系。

策略三：利用迁移进行比较

数学知识之间有非常紧密的内在联系，很多新知识在一定的条件下可以用旧知识去认识和理解。在教学时，教师要沟通新旧知识间的联系，创设条件，使新知识转化为旧知识，从而使迁移顺利实现。

案例及解析

为什么末位不能对齐了?

师:真高兴看到你们这么深入地思考小数加减法,相信这样的问题对你们来说已经很容易了。现在请看算式:8.65-3,8.65-0.3,8.65-0.03。

师:我想问问上课开始时要求两本《格林童话》价钱的那位同学,现在你还认为两个数对齐一减对吗?

生:(不好意思地笑了)不对的,要相同的数位对齐,小数点对齐才行。如个位的8减个位的3(8.65-3),十分位的6减十分位的3(8.65-0.3),百分位的5减百分位的3(8.65-0.03)。

生:就是一家人才能在一起。

师:说得真形象!你们对小数加减法的"理"通了!

生:也就是说,小数加减法和整数加减法一样,都是相同计数单位上的个数做加减。

(教师走到黑板前。)

师:这节课给你留下印象最深的一个词是什么?

生:计数单位。

生:数位。

生:小数点。

师:刚才在上课的时候你们都能计算小数加减法,只不过是道理不懂。其实小数加减法和整数加减法的道理是完全相同的。

生:(抢着提问)老师,是的,可我还想知道小数乘除法是不是也和小数点、计数单位、数位有关?

生:和整数乘除法有一样的,肯定也有不一样的,真想马上学习!

师:(肯定地说)你们的感觉是对的,带着这种感觉可以尝试解决一下。

为什么小数加减法末位不能对齐？在小数加减法和整数加减法的比较中，不仅有积极思考情感的参与，也有帮助学生从具体的"元、角、分"模型理解走向抽象的计数单位的模型建构，学生头脑中的旧知识与所要学习的新知识产生联系，实现学习的迁移。铃声响，思未尽。学生由加减法联结到小数的乘除法，引发学生对小数乘除法的思考，为学生又打开了一扇窗，激活了学生探究其他小数运算的欲望。

小贴士

> 教师要善于利用知识间的内在联系，在比较中关注不同，寻找共性，形成内容结构化，让核心概念一以贯之，把握知识本质，并在学习中不断产生猜想，在问题引领中对接新知识的探究，促进学生的理解和迁移。

策略四：利用易混淆知识进行比较

数学中有许多知识点在学生学习时容易混淆。有时是概念的混淆，有时是方法的混淆。利用比较策略能清晰、有效地区分一些易混淆的概念和方法。例如，"求比值"和"化简比"是小学数学中的重要内容，对学生今后的学习起着至关重要的作用。而在实际教学中，这两个知识点也是学生最容易混淆的。那么，如何区分"求比值"和"化简比"，并且能够正确计算呢？

 案例及解析

有什么不同？

教学"比的基本性质"，在运用比的基本性质"化简比"时，吴老师出示例（1）12∶18，学生根据比的基本性质，把比的前项、后项同时除以6；紧接着吴老师出示例（2）$\frac{5}{6}∶\frac{3}{4}$，先让学生尝试解答，在巡视过程中发现学生一般都用前项、后项同时乘12的方法化简。

这时，一位坐在讲台边上的女生轻声说："老师，这样对不对呢？"吴老师发现，她利用前项除以后项的方法解答，得到的结果也是$\frac{10}{9}$，这不正是这节课准备教给学生的方法吗？于是吴老师改变预设，让她展示化简的过程。接着把问题抛给学生："你们认为这样化简可以吗？"很多人说不可以，因为结果是一个比值，而不是比。

此时吴老师煞有介事地说："对呀，这不就是个比值吗？"那位女同学着急了："我们可以把它看作10∶9。""那同学们试试看，这一方法是否具有普遍性？"有学生试着举例用两种不同的方法比较，发现结果正确，于是继续进行例（3）1.8∶0.09的计算，两种不同的方法出现了"不一样"的结果：20∶1和20。因此有学生说："老师，前项除以后项的方法不具有普遍性。"老师再次给学生抛出问题："是这样吗？"有学生表示："20可以写成$\frac{20}{1}$，还是20∶1。"

师：同学们，化简比和求比值有什么区别和联系吗？

生：我发现把同一个比分别求比值和化简比，其结果差不多（有密切联系）。

生：以12∶18为例，化简比的过程（12÷6）∶（18÷6）和求比值过程中把$\frac{12}{18}$进行约分的过程是一致的。

生：12∶18 = 12÷18 = $\frac{2}{3}$，可以理解为 12 是 18 的 $\frac{2}{3}$，把 12 看成 2 份，把 18 看成 3 份，12 与 18 的最简整数比是 2∶3。其他整数比也可以这样理解，所以，用求比值的方法可以直接写出最简整数比。

生：以后要把一个比分别求比值和化简比，能不能只用一种方法计算，写出两种不同的结果呢？

老师给学生留有空间，让化简比、求比值两个容易混淆的概念得以在学生的体验、感悟、质疑中逐渐清晰。

小贴士

> 学生在不断地观察、思考、比较中豁然开朗——随着条件的变化，不同方法互相联系又互相区别。在比较的过程中，学生沟通了分数、除法、比几个知识间的广泛联系，在探究过程中把新旧知识融会贯通，同时体验到了研究数学问题的思想与方法，如举例验证，联系旧知识解决新问题，由个别到一般、由具体到抽象等。更可贵的是，研究过程中充盈着学生积极的情感。

策略五：利用逻辑关系进行比较

数学是一门系统性很强的学科。新知识是从旧知识中发展起来的，新旧知识之间有着必然联系。教师在备课时，要明确新旧知识间的内在联系，把握教材的逻辑关系，结合学生的实际和具体的教学条件，恰当处理。

案例及解析

平均分和按比分

师：比赛在我们的生活中是常见的，如果两队并列第一，有18支笔作为奖品，该如何进行分配呢？

[随着学生"平均分"的建议，教师板书：18÷2=9（支）。]

师：实际上，我们所说的"平均分"，就是把一个数量按1∶1进行分配。（板书：1∶1）能具体说说把18支铅笔按1∶1分给两个队的意义是什么吗？

（目的：教师利用这个简单的问题帮助学生沟通了平均分与按比分配的联系。）

师：两个队并列第一时我们可以把奖品按1∶1分配，如果两个队分别获得冠军和亚军，我们还按1∶1分配这18支笔，大家觉得怎么样？

（学生提出否定意见。）

师：你们觉得按几比几分配比较合理呢？请同学们自己制定一个冠、亚军奖品的分配标准，然后计算出各得到多少支笔。

从"平均分"这种特殊的按比分配到一般的按比分配，沟通了知识之间的联系，使学生感受到按比分配的价值，形成了一条完整的知识链。旧知识的"平均分"和新知识的"按比分"，既有区别又有联系。通过一个活动情境，学生已经悄然完成了比较的过程，整个知识链条非常完整。学生借助"平均分"来学习"按比分"，新的知识也就不再陌生。

小贴士

在小学数学教材中有许多这样的点，通过比较，建立联系，形成一个完整的知识链条。在使用比较策略时不只是引导学生比较不同点，还应该关注相同点和联系，这样，比较得出的结论和规律才更加全面。

吴老师支招

■ 有目的地进行比较

比较是教师在教学过程中实施的一种有目的、有计划的教学策略，切忌盲目比较。为了什么而比较、应该比较哪些对象以及比较对象的哪些方面，教师需要心中有数。

■ 在比较中学习和建构

教师利用比较的策略开展教学时，切忌一味地牵着学生的鼻子走。要给学生留有空间，让学生通过探索、体验、交流不断感悟。应注意有侧重地关注新知识、新方法的教学，不能一味地进行比较而忽略新知识的重点教学，避免得不偿失。

■ 在比较中理解和迁移

不论是哪一种比较，在应用过程中，究竟为什么不同，不同在哪里，往往更值得研究。比较的目的是区分易混淆的概念，加深学生对知识的深入理解，总结规律，构建一个完整的知识体系。

（张永）

18
转化的策略

　　转化是一种非常重要的数学思想，也是一种常用的解决数学问题的策略。它是指对于直接求解比较困难的问题，通过观察、分析、类比、联想等思维过程，选择恰当的数学方法进行变换，将原问题变为一个新问题（相对来说，是自己较熟悉的问题），通过新问题的求解，达到解决原问题的目的。

　　小学生学习数学离不开转化的思想和方法。教学中逐步渗透转化思想，让学生掌握转化的方法，是提高学生数学学习能力的重要策略。那么，怎样利用转化的思想和方法帮助学生解决问题呢？

策略一：将新知识转化成旧知识

数学中的许多问题都是通过将新知识转化成旧知识来解决的。例如数的运算中，小数乘法、除法可以转化成整数乘法运算，分数除法可以转化成分数乘法运算；在几何知识中，面积公式和体积公式的推导都是将新图形转化成已学过的图形进行……在教学时，教师一定要善于抓住新旧知识的生长点加以引导，从而完成对新知识的学习。

案例及解析

子涵身高是多少？

五年级学生在解决"妈妈身高 165 厘米，子涵的身高是妈妈的 $\frac{4}{5}$，子涵身高是多少厘米"这个问题时，许多学生面露难色，不知如何入手。

师：困难在哪里？

生：问题中有一个 $\frac{4}{5}$，不知道怎么做。

师：这道题中出现了分数，同学们还没有学习分数的运算，所以不会做很正常。可是，我们已经学习了分数的初步认识，你们能不能根据这个知识来分析一下"子涵的身高是妈妈的 $\frac{4}{5}$"是什么含义？

生：就是把妈妈的身高平均分成 5 份，子涵的身高有这样的 4 份。

师：题中还给了什么条件？

生：妈妈的身高是 165 厘米。

师：求什么？

生：求子涵的身高。

（教师出示线段图，学生看后恍然大悟。）

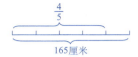

师：谁刚才不会做但现在会做了？你打算怎样做？

生：（踊跃回答）165÷5×4。

学生在解决这个问题的过程中遇到的困难是题中出现了分数，但他们还未学过分数运算和分数关系的实际问题，这是学生在解题时感到困惑的原因。教师巧妙地利用知识之间的联系，引导学生将分数转化为整数"份"的关系。这样，将没有学过的新知识转化为已经学过的旧知识，使需要解决的生疏问题转化为学生熟悉的问题，从而完成了求解。

小贴士

> 数学教育的主要目标是帮助学生形成伴随一生的思考和解决问题的能力，尤其是在解决问题中，要善于"退"，把未知转化为已知。这是对学生会想事、会做事的表现之一。

策略二：将不规则的转化成规则的

我们在日常生活中经常遇到测量不规则区域的面积的问题，如一片草地的面积、一个湖泊的面积，或计算一些鹅卵石的体积、几个土豆的体积。对此，学生可以利用已有的知识和生活经验，去探索解决的方法。

案例及解析

石块的体积怎么量？

学习完长方体和正方体体积之后，教师拿了一些漂亮的鹅卵石问学生："怎样知道这些石块的体积呢？"

学生提出三种解决办法。

方法1：在长方体容器 A 中注满水，放入石块，有水溢出。把溢出来的水收集到长方体容器 B 中，用直尺测量出这个容器中水的长、宽、高。石块的体积 = 长方体容器 B 中水的体积 = 长×宽×高。

方法2：在长方体容器内放入石块，然后注入一定量的水（水要将石块完全淹没）。量出此时水的长、宽、高，求出水和石块的总体积。然后把石块取出，测量容器内水的长、宽、高，求出水的体积。再用水和石块的总体积减去剩下的水的体积，就得出了石块的体积。

方法3：在容器内放入一定量的水（水要将石块完全淹没）。测量出水的长、宽、高，然后把石块放入水中，使水完全淹没石块，再量出水的高度。长方体容器的长乘宽，再乘高度差，就是石块的体积。

问题的提出给学生提供了很大的探索空间，虽然解决问题的方式不同，但是大家都将不规则的石块放入水中，通过计算上涨或下降的水的体积，得到鹅卵石的体积。

小贴士

> 将不规则图形或物体的体积转化成规则、整齐的图形或物体的体积，就能计算出不规则图形或物体的体积，问题也就迎刃而解了。

策略三：将复杂的转化成简单的

有些数学问题比较复杂，学生刚看到题目时不一定马上能发现其中的数量关系，这时就需要用一些方法使隐蔽的关系明朗化，使复杂的问题简单化。转化方法可以帮助学生使复杂问题简单化，从而更加清晰地发现关系，解决问题。

 案例及解析

甲乙各有几本书？

在六年级数学课上，教师出示了一个问题：甲乙二人共有课外书40本，如果甲拿出5本给乙，这时甲的课外书的 $\frac{1}{2}$ 正好与乙的课外书的 $\frac{1}{6}$ 相等，甲乙二人原来各有多少本课外书？

问题提出后，学生陷入了深深的思考中。

师：在解决这个问题的过程中有什么困难吗？

生：我觉得条件和条件之间没有什么直接关系，哪两个条件放在一起都不能求出什么。

生：老师，"甲的课外书的 $\frac{1}{2}$ 正好与乙的课外书的 $\frac{1}{6}$ 相等"这句话太复杂了，我们不明白甲和乙到底是什么关系。

师：同学们可以用画图的方式分析一下这句话的含义。

（学生动笔画图。）

通过观察图形，学生能清晰地发现："甲的$\frac{1}{2}$等于乙的$\frac{1}{6}$"就是"甲有2份，乙有这样的6份"。所以，可以把"这时甲的课外书的$\frac{1}{2}$正好与乙的课外书的$\frac{1}{6}$相等"转化为"这时甲乙二人课外书的比是1∶3"。有了这一结果，再加上两个人课外书之和，学生就可以求得现在两人各有多少本课外书，也就是甲有40×1÷(1+3)=10（本），乙有40-10=30（本）。

小贴士

> 这道题的数量关系比较复杂，文字叙述比较抽象，学生在解答时遇到了困难。教师借助线段图，帮助学生将"这时甲的课外书的$\frac{1}{2}$正好与乙的课外书的$\frac{1}{6}$相等"转化为"这时甲乙二人课外书的比是1∶3"。运用转化的方法，数量关系变得简单、清晰，答案甚至可以口算出来。

策略四：将抽象的转化成直观的

数学是一门抽象的学科，无论是所学的知识，还是培养学生能力，都体现了这一特点。如何让学生清晰理解并掌握抽象的数学知识、抽象的数学关系呢？可以运用转化的方法。

 **案例及解析**

上衣多少钱？

在学习"求一个数的几倍的实际问题"时，教师先出示情境图（如下图），然后让学生用图形直观地表示题意。

学生独立思考后画出了下面几种图形：

（1）用直条图表示：

（2）用长方形图表示：

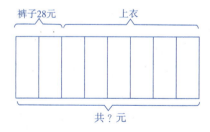

（3）用线段表示：

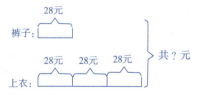

解决倍数关系的实际问题是学生学习的一个难点，因为解答时不仅需要比较，还要准确找到谁是标准。数量关系比较复杂时，让二年级学生通过抽象的文字来理解倍数关系就比较困难。为了让学生清晰地认识"上衣的价钱是裤子的 3 倍"的含义，教师让学生通过画图来理解。学生画出三种图，三种表示方法各有特点，都表现出了"裤子是 1 份，上衣有这样的 3 份"。列式求得上衣的价格是 28×3＝84（元），一套衣服的价格就是 84＋28＝112（元）。

小贴士

如何帮助学生清晰理解问题中的数量关系呢？画图是一个好办法，可以将抽象的文字变成直观的图形。教师指导学生利用线段图、几何图形等方式描述问题，使题中的数量关系清晰、明确，问题便可迎刃而解。

吴老师支招

转化的方法是指通过事物之间的联系，将生疏、复杂、无序的问题最终变为熟悉、简单、整齐的问题，从而顺利解决问题。

■ 运用转化的方法解决问题时应遵循的原则

1. 熟悉化原则：将陌生的问题转化为熟悉的问题，以便运用熟悉的知识、经验和问题来解决。

2. 简单化原则：将复杂的问题转化为简单的问题，通过对简单问题的解决达到解决复杂问题的目的，或获得某种解题的启示和依据。

3. 和谐化原则：化归问题的条件或结论，使其表现形式更符合数与形内部所表示的和谐的形式，或者转化命题，使其推演有利于运用某种数学方法。

4. 直观化原则：通过直观的图形，使数量关系更加清晰明了，将比较抽象的问题转化为比较直观的问题。

5. 正难则反原则：当问题正面讨论遇到困难时，可考虑从问题的反面探求以获解。

■ 运用转化的方法解决问题时应把握的时机

第一个时机是在学生理解题意有困难，想不到解题方法时，教师不要解释题意和提示算法，而是要引导学生通过整理信息理解题意、形成思路、寻找解法。这样需要的时间较多，学生也会错误百出，但几经打磨后，学生的思维水平会迈上新的台阶。

第二个时机是在学生解决完问题后，教师要引导其认识转化方法的使用过程和价值，启发学生在以后的解题中自觉地使用。这个过程非常重要，是变学生无意识地用为有意识地用，使学生关注"策略"的使用方法和价值。

（刘延革）

19
数与形结合的策略

　　数学是研究现实世界的空间形式与数量关系的科学。小学数学教学研究的对象概括而言就是数和形两个方面。数与形的相互转化、结合既是数学的重要思想,更是解题的重要方法。把数学问题中的数量关系与空间形式结合,以形助数、以数辅形,可以达到逻辑思维与形象思维的完美统一,使问题化难为易、化繁为简。

　　在小学数学教学中,如何有意识地利用数与形结合的策略提高学生的思维素质,培养学生分析问题与解决问题的能力呢?

策略一：以形助数，理解概念

数的产生源于计数，用来表示"数"的工具却是一系列的"形"。数概念的建立、数的运算，处处蕴涵着数形结合的思想方法。例如，我们在认识整数、分数、小数及其加法、减法、乘法、除法的运算时，教材都是借助直观的几何图形帮助学生理解抽象的数概念。生动、形象的图形能将枯燥的数学知识趣味化、直观化，让学生从中获得"学习有趣"的情感体验，进而引导学生进行探索，将兴趣逐渐转化为动力，达到认识概念本质的目的。

案例及解析

认识因数

师：咱们一起来找找36的因数和倍数。先找因数，写在作业纸上。（板书：36）

师：我们一起来看一看同学们找的。（展示学生作品）

生：6、3、2、1，找了4个。

生：6、4、9，找了3个。

生：6、4、9、1、36。

（学生纷纷说自己找到的数量："我找到8个因数""我找到9个因数"。）

师：9个就是36的所有因数了吗？找全了吗？

生：找全了，没有10个因数的。

师：没找全的同学，有什么想法吗？不着急，我们先看看第一位同学的作品（见下页图）。这位同学怎么就找全了呢？她有什么好经验吗？

> 36的因数有：1、2、3、4、6、9、12、18、36

生：我发现了她是按照顺序写的，所以找全了。我没有按照顺序找，找着找着就迷糊了，就没找全……

师：真会反思！再看看另一位同学的作品，你看出了什么？

生：第一位同学是按顺序找的，第二位同学是成对儿找的（见下图）。

师：那你一对儿一对儿地读读，另一位同学圈一圈。

生：（1、36）、（2、18）、（3、12）、（4、9）、（6）。

师：一上来就找36的因数挺有挑战的，怎么找更有方法？

生：按顺序、一对儿一对儿地找。

生：前边写1，后边写36；1后边再写2，36前边写18……

师：我懂你的意思了，这些数有的在前边、有的在后边，我们可以这样画一条直线，在最前边先点个点表示1，用一个磁扣代表；后边这里表示36（如下图）。

师：1和36找完了，该找2和18了。谁来试试？注意贴上同一种颜色的磁扣。

（学生在数线上表示出36的因数。）

师：刚才这位同学在数线上找因数的时候你们发现什么了？

（师生一起用手势比画，"因数会贴得越来越近"。此时吴老师拿起粉笔连线，如下图。）

师：请说一说，36 的因数的个数一共有几个？

生：9 个，找全了。

吴老师借助直观的图形，把抽象的概念与数线模型相结合，让学生探究、发现因数的特点，逐渐明确"因数"的研究范围。"数线"的介入，让"因数"的概念更有联系和位置感，诠释了概念建立的过程，使复杂的问题变得简单，达到既直观又容易理解的目的。

小贴士

> 由于数学概念具有高度的抽象性和概括性，教学时应尽可能为学生提供充分的感知材料，"形"的直观性往往决定了其对概念建构的有效辅助作用。教学中常采用归纳、分类、比较的方法帮助学生建立数学概念，也可采用数形结合的策略，运用图形的直观性帮助学生理解抽象的数学概念的内涵和外延。

策略二：以形助数，感悟算理

数形结合不仅是一种数学思想，也是一种很好的教学方法。对于学生难以理解和掌握或容易引起混淆和产生错误的教学内容，教师可以充分利用"形"，把抽象的概念、复杂的运算变得形象、直观，丰富学生的表象，引发联想，探索规律，得到结论，让学生不仅知其然，而且知其所以然。

案例及解析

异分母分数怎么加?

教师边播放课件边讲解:"我们先计算了 $\frac{1}{2}+\frac{1}{4}$,把 $\frac{1}{2}$ 转化成 $\frac{2}{4}$,$\frac{2}{4}$ 加 $\frac{1}{4}$,等于 $\frac{3}{4}$。然后又计算了 $\frac{1}{2}+\frac{1}{8}$,把 $\frac{1}{2}$ 转化成 $\frac{4}{8}$,$\frac{4}{8}$ 加 $\frac{1}{8}$,等于 $\frac{5}{8}$。最后计算了 $\frac{1}{2}+\frac{1}{16}$,把 $\frac{1}{2}$ 转化成 $\frac{8}{16}$,$\frac{8}{16}$ 加 $\frac{1}{16}$,等于 $\frac{9}{16}$。"

这里,学生通过观看动态的课件演示,从"形"的角度沟通三道题的共性。之后,教师出示下面的一组算式并提问:

$$\frac{1}{2}+\frac{1}{4} \qquad \frac{1}{2}+\frac{1}{8} \qquad \frac{1}{2}+\frac{1}{16}$$
$$=\frac{2}{4}+\frac{1}{4} \qquad =\frac{4}{8}+\frac{1}{8} \qquad =\frac{8}{16}+\frac{1}{16}$$
$$=\frac{3}{4} \qquad\qquad =\frac{5}{8} \qquad\qquad =\frac{9}{16}$$

(1) 这三道题为什么在计算过程中有的把 $\frac{1}{2}$ 转化成 $\frac{2}{4}$,有的转化成 $\frac{4}{8}$,有的转化成 $\frac{8}{16}$? 它们相同的地方是什么?

(2) 为什么要把异分母转化成同分母?

这些算式中都有一个加数是不变的,另一个加数是不同的,转化后的结果也不同,学生在"变"与"不变"的对比中,抓住了异分母分数加法的共性。

以上数形结合的办法,既强化了异分母分数加法的算法,又让学生深刻理解了这个算法的算理,数形结合相得益彰。

小贴士

算理是数学学习的重要内容，利用"形"的生动性、直观性，探索、感悟算理的形成过程，有助于对知识本质的把握。学生在操作中从形的方面进行具体思考逐步过渡到数的方面进行思维，不仅可以较为深刻地理解算理，同时促进了形象思维和逻辑思维的协调发展。

策略三：以形助数，解决问题

在数学教学中，可以通过数形结合的训练，使学生通过直观图、线段图等来帮助解决问题，强化数形对应，把复杂的问题简单化、明朗化，抽象的问题形象化，以提高学生分析比较、综合运用知识解决问题的能力。在这一过程中，形象化的图形表达了抽象化的数量关系，为学生在实际问题与算式、分析数量关系与解决问题之间架起了一座桥。

 **案例及解析**

打折与策略

教学时，教师出示了一个问题：张老师要买一台打印机，乔老师要买一件毛衣。其中，打印机 800 元/台，毛衣 200 元/件。商场做促销活动，如果购买 500 元以上的商品，就把超出 500 元的部分打八折。问：两位老师合着买比分着买可以省多少钱？

课堂上，学生给出了两种方法。

方法 1：

(800 − 500) × 80% + 500 + 200 = 940（元）

(800 + 200 − 500) × 80% + 500 = 900（元）

940 − 900 = 40（元）

方法 2：

200 × (1 − 80%) = 40（元）

解决问题时一部分同学使用方法 1，不理解方法 2。运用方法 2 解题的同学把图画在黑板上，此时教师又适时地把分开买的线段图画在上面，学生通过对比恍然大悟：真正省的其实就是那 200 元的 20%，也就是 40 元。

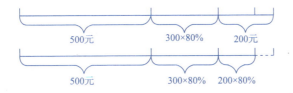

通过画线段图进行数形转化，直观描述数量之间的关系，简化解题步骤，使学生切实感受到了画图的重要作用。

小贴士

数形结合，可以引导学生充分利用直观的"形"把抽象的数量关系具体表示出来，厘清数量关系，使复杂的数学问题直观化。教师要特别鼓励学生用自己创造的图形解释数学，用原汁原味的构思、丰富多彩的图画、独特的视角，展示儿童富于创造性的思维过程。

策略四：以数辅形，刻画图形

"形"具有直观、形象的优势，但只有以简洁的数学描述、形式化的数学模型表达"形"的特性，才能更好地体现数学抽象化与形式化的魅力，准确把握"形"的特点。几何图形的周长、面积、体积等公式的归纳就是学生对"形"的直观知觉的深化。对几何图形性质的判断有时需要计算。例如，周长相同的三角形、正方形、长方形和圆形，哪个面积最大？哪个面积最小？凭图形难以直观判断，而通过具体计算或字母公式的推导可以一目了然，从中可见"数"的严谨性和不可替代性。

案例及解析

周长和面积

教师设计了这样一个环节：将16根1厘米长的小棒围成长方形或正方形，能围出多少个？其中面积最大的是多少？这虽然是有关"形"的研究，但通过"形"学生只能粗略地感觉到，周长相等时，图1的面积大于图2。

图1 　　　　　　　　图2

如何使学生了解"周长相等时，长、宽之差越小，所得到的长方形面积越大"这个规律？显然，通过"形"不可能精准说明。

因此，教师引导学生通过填写下表，利用"数"的计算来解决问题。

序号	长（厘米）	宽（厘米）	周长（厘米）	面积（平方厘米）	示意图
1					
2					
3					
4					

学生经过研究得到长7、宽1，长6、宽2，长5、宽3，长4、宽4（正方形）四种长方形，其中正方形的面积最大。在研究过程中学生会渐渐认识到，要想得到最大的面积，就要——列举所有的长方形去比较；要想得到不同的长方形，必须在周长不变的情况下，改变长方形的长和宽。由于长逐渐减小，在周长不变的情况下，宽必须随之不断增大。这样就把"静态"的学习变成了"动态"的研究，这种由"静"到"动"正是函数的本质。通过"数"的研究使学生对周长和面积及其关系有更加理性、深入的认识，是"以数辅形"很好的体现。

小贴士

有关图形的问题看似属于形的范畴，但仅仅通过观察无法得到结果，在教学中可以引导学生充分利用"数"的精确性、规范性、严密性，阐明形的某些属性。

几何研究空间形式，视觉思维占主导地位，主要培养知觉能力和洞察力；代数研究数量关系，有序思维占主导地位，主要培养逻辑能力和符号运算能力。教师要全面把握这两个特征。华罗庚教授针对数形之间的关系曾言："数缺形时少直觉，形少数时难入微。数形结合百般好，隔裂分家万事非。"

吴老师支招

数形结合是解决数学问题的重要方法和思想,小学数学教学中应有意识地渗透。在实际教学中,教师不可夸大某一方面的作用,要从整体上把握,使二者相辅相成。

■ **早期渗透形的语言**

让学生及早接触形的语言,能为后面利用形刻画数奠定基础,有利于培养学生数形结合的意识。

■ **认识常用的直观模型**

在日常教学中,教师可以有意识地引导学生认识多种直观模型,如实物、点子图、面积模型和数线等。这些模型在课堂上不断出现,可以使学生认识到直观模型的重要作用。

■ **鼓励使用多种表征**

鼓励学生使用多种表征,使经验多样化,有助于培养学生用自己的方式解决问题的兴趣,并为未来的学习打下基础。

■ **培养数形转化意识**

在日常教学中,教师应结合具体内容,有意识地培养学生数形转化的意识。

(丁雁玲 王彦伟)

20
建立数学模型（模型观念）的策略

《课标（2022年版）》中明确指出："模型意识主要是指对数学模型普适性的初步感悟。知道数学模型可以用来解决一类问题，是数学应用的基本途径；能够认识到现实生活中大量的问题都与数学有关，有意识地用数学的概念与方法予以解释。模型意识有助于开展跨学科主题学习，增强对数学的应用意识，是形成模型观念的经验基础。"那么，如何在课堂中开展活动培养学生的模型观念，建立数学模型的意识呢？

策略一：选择儿童熟悉的真情境

数学模型都具有现实的生活背景，真实情境（或现实情境、问题情境）本来就是数学课程的组成部分，它与学生的兴趣、好奇、探索、发现密不可分。数学模型的建立需要从学生熟悉的生活场景中选择有意义、有趣味、典型的情境作为学习素材，帮助学生从生活走向数学，从数学走向广泛的生活应用，经历数学一般化的过程，体会数学模型的价值。

案例及解析

小珠子与"大模型"

吴老师在执教"归一问题"时，选用了一个学生熟悉的场景"过六一"，一个熟悉的事情"钉珠子"，开启了一场"小珠子"撬动"大模型"的学习。当然，生活素材还需要智慧地加工成为学生学习的学材，激活学生原有经验，帮助他们从生活问题走向数学思考，构建为数学问题。

师：六一儿童节快到了，合唱团要为学生的演出服钉珠子，12件衣服需要多少个珠子？

（学生发出了"啊"的声音。这时吴老师看到一个男孩双手摊开在胸前，一脸"这怎么解答"的神情。）

师：我特别喜欢你刚才的动作，是什么意思呢？

生：（小声）没法算。

师：（追问）为什么没法算？你们想要什么信息？

生：1件衣服要多少个珠子。（师板书：1件？个珠子）

师：哦，知道"1件衣服要多少个珠子"很重要。如果知道"买8个碗需要多少元"，你们马上会想到什么？

生：1个碗多少元。（师板书：1个碗?元）

师：如果想知道"6小时行了多少千米"呢？

生：（抢着说）1小时行了多少千米。（师板书：1小时行?千米）

"1"这个模型就像一把钥匙打开了数量关系的大门，学生对"每份数"与"总数""数量"的理解在探究中逐步完成。吴老师面对学生的质疑，给出了完整的情境：

师：儿童节要到了……钉一些漂亮的珠子。4件衣服钉了24个珠子，照这样，12件衣服需要多少个珠子？

师：要想解决这个问题，一定会有重要的信息，我们要把它从生活情境中挑出来。你看到了什么？

生：4件衣服钉了24个珠子，12件衣服需要多少个珠子？

师：真好。还有没有比这更简单的？把最重要的信息读出来。

生：4、24、12、多少个。（师板书：4件，24个，12件，?个）

上述两个教学片段，吴老师呈现了从真实情境出发，引导学生发现关键要素，并用数学语言表达的建立数学模型的过程。

小贴士

教师关注学习素材的呈现，首先要选择适合儿童的、儿童熟悉的，且能激发儿童思考，促其思维发展的真实情境。再引导去掉"真实"，进而得到数学的研究对象，发现这些数量关系之间的联系，是建立数学模型的关键。

策略二：任务驱动引发儿童好奇心

数学模型的建立需要儿童在经历发现问题、提出问题、分析问题和解决问题中，充分体验、持续思考。任务驱动能给学生提供一个深入的探索空间，有挑战性的任务能激发学生学习的注意力，引发持续思考，解决任务的同时体会到建立模型的必要性，进而关注到核心知识的本质。

案例及解析

设计植树方案

植树问题是一个重要的数学模型，但对学生来说，学习的过程有些枯燥，理解模型还有些困难。此时，让学生感悟模型价值，关注植树问题本质，思考点、段之间的关系，设计一个有挑战性、指向核心知识、需要持续思考、有开放性答案的驱动性任务就很有必要。

师：（出示学校庆六一时摆放向日葵的布置照片，如下图）。9月底我们学校就要举办体育节，现在想在操场北侧的甬路上摆一些向日葵做装饰。

（教师出示校园平面图，圈出需要摆放向日葵的甬路。）

师：先来观察一下这条甬路的周围都有什么？

生：我发现甬路的一头有绿地，还有体育办公室。

生：甬路的另一头还有一条甬路。

生：我发现甬路上还有一个操场入口。

师：通过两次观察，我们发现了向日葵的摆放特点，还知道了甬路周围的环境。那这条路上应该摆多少棵向日葵合适呢？请你们帮学校设计一个摆放方案。

驱动性任务不一定由教师提出，而是根据真实的生活场景由学生去提出。这样能引起学生情感共鸣，关注现实问题。

师：要做好这个设计方案，我们需要考虑什么？

（学生根据以上信息和学校场景思考完成任务需要解决的问题。）

生：我们得知道这条甬路有多长。

生：两棵向日葵之间隔几米合适。

师：你说的间隔是什么意思？

生：间隔就是两棵向日葵之间的距离。

师：再仔细观察一下这条甬路，还有哪些因素是我们在设计时需要考虑的？

生：我发现在甬路的这边有一个操场入口，可能会影响摆放向日葵。

生：甬路的一头有体育办公室，另一头是甬路，两头要摆向日葵吗？

师："两端摆不摆"可是设计师要考虑的问题。

师：这些问题你们都认可，看来它们都是影响我们摆放多少棵向日葵的因素。结合大家提出的问题，接下来我们再来看看这个任务是什么。

根据班级的实际情况，学生可自行测量数据，明确驱动性任务。驱动性任务又可产生新的问题，提问的能力成为进行有意义的学习和获取智力成就的关键。在此基础上，教师和学生再次聚焦并明确驱动性任务：在全长40米的甬路一侧摆向日葵，每隔5米摆一棵，根据你的设计，我们需要摆多少棵向日葵？

小贴士

> 驱动性任务让学生成为学习的主体,学习目标清晰。学生把知识学习融入到解决问题的过程中,从事实性知识、程序性知识走向概念性知识,运用问题解决、创见、决策、实验、调研、系统分析等高阶认知策略。有了任务就会产生成果,有显性的解决问题的方案,有隐性的知识学习理解,成果获得更为广泛。核心素养不是教师教出来的,是学生"悟"出来的,驱动性任务加深了学生对数学模型的感悟。

策略三:经历不完全归纳的过程

感悟、建立一个数学模型不是一蹴而就的,需要学生经历发现关系、表达关系,进而借助推理发现规律,再用符号表达规律形成模型的过程。这个过程是一个用数学语言间接表达的过程。这个过程学生需要通过不同的例证、独立思考,发现一类事务具有的普遍规律,用一个数学模型表达。模型背后是数学眼光和数学思维的体现。

 案例及解析

一生二,二生三,三生万物

数学模型具有抽象性,是通过数学推理得到的。推理是数学思维活动中最能反映数学独特思维价值的部分。小学生的认知特点决定了归纳推理和直观推理(借助图形直观)是主要的推理类型。学生需要经历不同情境、维度的多个例证才能推理出一个数学模型。

吴老师执教"归一问题"时，和学生一起发现"1"这个标准很重要，之后逐步发现"1"和"多"的关系，经历表达关系、初步建立模型、再解决实际问题、再次感悟模型，体现了不完全归纳法推理的作用。

[吴老师和学生研究"4件衣服钉了24个珠子，照这样，12件衣服需要多少个珠子"，让学生发现关系、表达关系、建立模型（如下图）。]

师：一起看作品，4件衣服要24个珠子，并不知道1件衣服的珠子数，你能求出什么？

生：（大声）1件的。

师：我们知道了由"1"能够推出"许多"（由"1"到"多"画箭头）。在解决这个问题的时候，我们也知道了"许多"——

生：又能推出"1"。

（教师由"多"到"1"画箭头。）

师：哦，解决这个问题时，就是在研究谁与谁的关系？

生："1"和"多"之间的关系。

师：有了"1"就能求出——

生：（齐）多。

师：一生二，二生三，三生——

生：三生万物。

师：说得真好啊！一生二，二生三，三生万物（许多许多），有了万物又可以推出"1"。

小贴士

教师和学生一起经历推理过程,多侧面、多维度、全方位的举例,是帮助学生推理出模型的必要条件,正如杜威所说:"只有演绎或推理才能发现和突出事物依次相连的种种关系,而且只有理解了这种'关系',才配称做学识,否则,只不过是乱七八糟的废物袋子。"理解了关系,学生所学的知识就是有结构的,后续学生还会继续应用这样的思考方式。

策略四:体验一般化的过程

一般化的过程,即一般化的表示和推理。建立数学模型后一定要反思,以促进学生数学一般化。一般化可以从思想方法、生活情境、数学知识应用三个方面体会模型的普适性,让学生把"会用数学的眼光观察现实世界、会用数学的思维思考现实世界、会用数学的语言表达现实世界"融合在一起,形成数学眼光。

案例及解析

"都一样"

在"归一问题"的结尾部分,学生已经通过推理得出"1"和"多"的关系,理解了"每份数、份数、总数"之间的关系。吴老师继续出示:

(1) 妈妈买 3 个碗花了 18 元,买 8 个同样的碗需要多少元?

(2) 汽车 2 小时行了 120 千米,照这样的速度 6 小时行多少千米?

学生汇报。

师：刚才听见有同学说一样，什么一样？

生：跟上面解决的思路一样，都是先求"1"，再求"多"，就是先求 1 个碗的价钱，再求 8 个碗的。第二道题也一样。知道了 2 小时行 120 千米，能求 1 小时行 60 千米，6 小时就是 6 个 60。

师：不急，你说的"一样"指的是什么？

生：都是求 1 件衣服、1 个碗、1 小时，所以我说"一样"。

生：我觉得不一样，是因为它们说的事儿不一样。

师：你说一样是指先求"1"，他说不一样是事儿不同。不能只看外衣，道理一样不一样？

生：道理一样的，都是先求 1 个碗、1 小时……

师：有的同学一边写一边说"都一样"，所以他很快就做完了；有的同学在纠结不一样。确实，一个说碗的事儿，一个说行路的事儿，一个说衣服的事儿，情境不一样，但是道理都一样，都是先研究谁与谁的关系？

生："1"与"多"的关系。

师：如果一年以后你们再见到了这样的关系，我真希望你（指第二个回答的学生）的话能够在我们班传递，虽然它们叙述的事情不一样，但是——

生：但是它们的道理一样，都在研究每份数、份数、总数的关系。

师：只不过这个每份数叫速度，那个每份数叫单价而已。都是在研究"1"与"多"的关系。"1"会生"多"，由"多"也会推出"1"。今后的每份数可能叫"单价"，也可能叫"速度"……它的情境、名称虽然不一样，但是描述的事的道理都相同。谢谢你，可爱的"一样"同学。这就是我们在今天解决问题中获得的研究数量关系的重要方法。

案例中因追问，学生发现"1"与"多"的关系还能解决"数量、单价、总价""速度、时间、路程"等更多的问题。找到事务的共性，发现知识的本质才能体现一般化的过程。

小贴士

> 数学一般化的过程是我们带着学生回头看的过程，除了回顾研究过程，还要想一想"这个研究方法还可以解决什么问题""今天的发现还与什么问题相关"，通过不断地追问和深入思考，学生感悟建立数学模型的价值。关注情境的一般化就是知识内容的一般化。

吴老师支招

小学数学中一些很重要的基本概念、数量关系都能体现模型意识，抓住这些内容帮助学生经历从生活情境到转化为数学情境、发现数量关系、表达数量关系，最后用符号表征的过程，发展学生的数学语言。这与数学家波利亚提出的"怎样解题"四步骤——"理解题目、拟定方案、执行方案、回顾"有着异曲同工之妙。正如波利亚所说："教师能为学生所做的最好的事情是通过不显眼的帮助，引导学生自己获得一个好的思路。"这也是建立数学模型想做的——让学生在思考中发展思维。

■ 理解题目是建立数学模型的前提

真实的生活情境是帮助学生建立数学模型的开始，但还需要把它转化为可研究的数学问题，这一步需要学生充分理解题目，理解题目中信息表达的意思，找到它们之间的关系。学生能把对题目的理解翻译成自己的语言，说明已知条件、数量、未知条件是第一步，用画图、符号、结构图等进行表达是第二步。理解研究对象是一件很关键的事，但也容易被忽略，所以我们容易带着学生直奔结果。

- **发现关系、表达关系是构建数学模型的关键**

学生发现关系的前提是能发现和提出问题。对直观呈现的数量关系，学生难以表述，也难以抽象概括；对隐含的数量关系，学生更不易发现谁和谁（要素）有关系，有什么关系，怎么表示关系。面对这些难点，需要学生提出自己的问题。问题的背后是思维的发展，是寻找数量关系、表达关系、建立数学模型的重要一步。探究发现关系的过程要求学生在记忆事实性知识和机械性答案之外拓展知识，将已知应用于未知，深化对新知识的思考和阐述。

- **符号表达数学模型的过程要充分**

说清楚数学书上已有规律、公式的意义不难，关键在于它们是怎么被发明的。符号表达的过程不是"教"给学生答案的过程，而是学生自己在解决问题中发现和运用数学语言表达自己的思考，感悟其功能和意义的过程；是体现用数学语言表达的价值，不着急追求标准答案，不忙着评判对错，让学生充分思考、表达的过程。建议教师用欣赏的眼光看待学生的作品，问清楚作品背后的思考，如"你是怎么想到这样表达的""你的作品想说明什么问题"等。

建立数学模型的过程是师生一起成长、感悟、理解数学的过程。皮亚杰认为，"对知识的理解是学习者自己主动构建知识的意义的过程"，构建数学模型的过程价值正在于此。

（鲁静华）

后 记

2011年7月6日，吴正宪老师带领团队成员与华东师范大学出版社的编辑一起在九华山庄研讨的情景至今还历历在目。"我们的书稿应该对一线教师的教学很有帮助，教师在教学中遇到了什么问题，可以拿出来看看，或许会带来启迪和思考。同时，我们团队要把整理书稿、收集案例的过程作为再研究的过程。"这是吴老师当时对这本书的定位。

本书撰写的过程就是团队成员提升的过程。数学教师应当努力运用有效的教学策略，引导学生探索数学的奥妙，在探索中除了学会数学知识，还要形成积极的情感、智慧的思维和完善的人格，让数学教学成为激发学生潜能、积蓄学生能源、促进学生可持续发展的动力。

感谢团队成员在撰写文章的过程中付出的努力，感谢张铁道博士对丛书的统筹谋划和思想引领。由于理论水平有限，书中难免会有不妥之处，欢迎各位读者在阅读的过程中提出宝贵的意见！

周卫红　陈凤伟
2012年10月

图书在版编目（CIP）数据

吴正宪课堂教学策略/吴正宪，周卫红，陈凤伟编著. —2版.
—上海：华东师范大学出版社，2024
ISBN 978-7-5760-4752-3

Ⅰ.①吴… Ⅱ.①吴… ②周… ③陈… Ⅲ.①小学数学课—课堂教学—教学研究 Ⅳ.①G623.502

中国国家版本馆 CIP 数据核字（2024）第 053034 号

大夏书系·吴正宪教育教学文丛

吴正宪课堂教学策略（第2版）

编　　著	吴正宪　周卫红　陈凤伟
策划编辑	任红瑚
责任编辑	薛菲菲
责任校对	杨　坤
封面设计	淡晓库
出版发行	华东师范大学出版社
社　　址	上海市中山北路 3663 号　邮编 200062
网　　址	www.ecnupress.com.cn
电　　话	021-60821666　行政传真 021-62572105
客服电话	021-62865537
邮购电话	021-62869887
地　　址	上海市中山北路 3663 号华东师范大学校内先锋路口
网　　店	http://hdsdcbs.tmall.com/
印 刷 者	北京密兴印刷有限公司
开　　本	700×1000　16 开
印　　张	13.5
字　　数	193 千字
版　　次	2024 年 4 月第二版
印　　次	2024 年 4 月第一次
印　　数	6 100
书　　号	ISBN 978-7-5760-4752-3
定　　价	58.00 元
出 版 人	王　焰

（如发现本版图书有印订质量问题，请寄回本社市场部调换或电话 021-62865537 联系）